きみを変える50の名言 2期

藤井聡太、黒柳徹子ほか

はじめに

あなたは困《こま》っている人がそばにいたらどう行動しますか？　もし、その人が病気で苦しんでいたらどうしますか？

手を差し伸《の》べる。助ける。そこに理由や条件などいらない。そう語った哲学者《てつがくしゃ》がいました。

困っている人が自分だったら。自分が難民《なんみん》の一人だったら。もし紛争地域《ふんそうちいき》で生まれていたら……。少しでもそんなふうに想像力を働かせると世界は違《ちが》って見えてきます。そして生きている不思議《ふしぎ》、生まれ、死んでいく不思議《ふしぎ》を考えるようになります。

空想から科学が生まれ、想像から自由や理想が生まれると言われます。そしてここにいる自分って誰《だれ》？　と深く考えることで人と人の境界がなくなり、世界の壁《かべ》が消えて真の自由が得られると哲学者《てつがくしゃ》は語りました。

世界で起こるいろいろな出来事は、じつは日々自分の心の中で起きている出来事だという考え方があります。自分がここにいて、考え、想像しなければ世界も存在《そんざい》しません。

さまざまな出来事を、自分の心の目で見て、冷静に考える。想像力は可能性を引き出します。それを信じて一歩前へ踏《ふ》み出してみる。その一歩の勇気が、二歩、三歩となって、やがて大きな飛躍《ひやく》へとつながります。

まだまだわからないことばかり。
これからも探求心《たんきゅうしん》を持って臨《のぞ》みたい。

藤《ふじ》井《い》聡《そう》太《た》

2002〜
将棋棋士《しょうぎきし》、2020年「棋聖《きせい》」「王位」

２０２０年７月17日、新型コロナウイルスの悲しいニュースばかりだった新聞やテレビの報道に、久しぶりに明るい話題がトップニュースとして報じられました。将棋《しょうぎ》の藤井聡太《ふじいそうた》７段《だん》が『棋聖戦《きせいせん》』を制して、史上最年少の17歳《さい》11か月でタイトルを獲得《かくとく》、『棋聖《きせい》』となったのです。そして、１か月後の８月20日には『王位』も奪取《だっしゅ》して２冠《かん》、８段昇段《だんしょうだん》を果たしました。

将棋《しょうぎ》のタイトルには、『名人』『王将《おうしょう》』『竜王《りゅうおう》』『叡王《えいおう》』『王位』『棋聖《きせい》』『王座《おうざ》』『棋王《きおう》』があって、それぞれのタイトルを賭《か》けて棋士《きし》たちがしのぎを削《けず》っています。藤井《ふじい》２冠《かん》は、棋聖《きせい》戦を制した翌《よく》日の記者会見で〝探求《たんきゅう》〟と書かれた色紙を手にテーマの言葉を語りました。まさに彼《かれ》は、将棋《しょうぎ》の宇宙《うちゅう》を探求《たんきゅう》する学者のようです。

最近、将棋《しょうぎ》の世界では、棋士《きし》たちがＡＩを活用して無駄《むだ》のない効率的な手を打つようになったそうですが、「ＡＩ世代」の藤井《ふじい》さんは、ＡＩの思考力を採《と》り入れながら、時にＡＩを超《こ》えた前人未踏《みとう》の領域《りょういき》に足を踏《ふ》み入れようとしていると、羽生善治《はぶよしはる》永世９段《だん》は語っています。ＡＩはサイバー空間で将棋《しょうぎ》はリアルな空間。あくまでも柔軟《じゅうなん》な発想力や思考力が勝負を左右する人間世界なのです。

努力は必ず報われる。
報われない努力があるとすれば、
それはまだ努力とは言えない。

芦田愛菜《あしだまな》
2004〜
女優《じょゆう》、タレント

日本を代表する名子役として活躍《かつやく》してきた芦田愛菜《あしだまな》さん。連続テレビドラマの『マルモのおきて』は社会現象になったほどです。２０１０年、６歳《さい》でスクリーンデビューした彼女《かのじょ》は、その高い演技力が認《みと》められて日本アカデミー賞新人俳優《はいゆう》賞、ブルーリボン賞新人賞を受賞。９歳《さい》になった２０１３年にはＳＦアクション大作「パシフィック・リム」でハリウッドデビューを果たしました。

愛菜《まな》さんの好きな言葉は〝努力〟だそうです。テーマの言葉は『座右《ざゆう》の銘《めい》』としている元プロ野球選手・王貞治《おうさだはる》さんの言葉で、忙《いそが》しくて勉強する時間がなかった彼女《かのじょ》はこの言葉に励《はげ》まされて難関《なんかん》の私立《しりつ》中学に合格出来たと言っています。

『ビリギャル』という有村架純《ありむらかすみ》さん主演の映画《えいが》がありました。成績がビリだった少女が猛《もう》勉強して偏差値《へんさち》の高い大学に入学するという実話をもとにした映画《えいが》でしたが、この中である生徒が「電気や原子力よりも強い動力は何？」と先生に聞かれるシーンがあります。答は「意志の力」。愛菜《まな》さんは１年に１００冊《さつ》の本を読むそうです。自分でそう決めたら、何が何でも実行する。そんな強い意志の力が彼女《かのじょ》の〝才能〟を支えているのだと思います。

最高のものを求める強い気持ちがないと、
結果は出ないものなんだよ。

王《おう》貞《さだ》治《はる》

1940〜
元プロ野球選手、福岡ソフトバンクホークス取締役《とりしまりやく》会長、
日本プロ野球名球会顧問《こもん》、
1977年国民栄誉賞《えいよしょう》（第一号受賞者）、2010年文化功労者

『世界の王《おう》』『ワンちゃん』の愛称《あいしょう》で親しまれている元プロ野球界のスーパースター・王貞治《おうさだはる》さんは〝努力の人〟です。

史上3人目の三冠王《さんかんおう》に輝《かがや》き、レギュラーシーズン通算本塁打《ほんるいだ》868本の世界記録を達成した彼《かれ》は、シーズン出塁率《しゅつるいりつ》や通算得点、通算打点、さらに通算長打率などの日本記録を次々と塗《ぬ》り替《か》えました。「最高のものを求める強い気持ち」があるから、このような輝《かがや》かしい実績を生み出したのですね。

2番ではなく、ナンバーワンをめざす。結果は1番にならなくても志《こころざし》を高く持って努力すれば悔《く》いを残すことはありません。「僕《ぼく》の役目はホームランを打つこと」。そう自分に言い聞かせ、王《おう》さんは人一倍練習を重ねました。シーズンオフの時も、毎晩《まいばん》宿舎で畳《たたみ》がすり切れるほど素振《すぶ》りをおこなったそうです。

ホームランを打つには、バットの芯《しん》で球を捉《とら》える必要があります。彼《かれ》は調子がいい時には時速150キロメートルの速球がスローモーションのように見えて、しかもバットの前で止まって見えたそうです。〝ゾーン〟に入ると言いますが、それも、高い志《こころざし》と常日頃《つねひごろ》の努力があればこそなのだと思います。

もう失うものはない。
捨《す》て身で行こうと思った。

内藤《ないとう》大助《だいすけ》

1974〜
元プロボクサー、タレント、ボクシング解説者

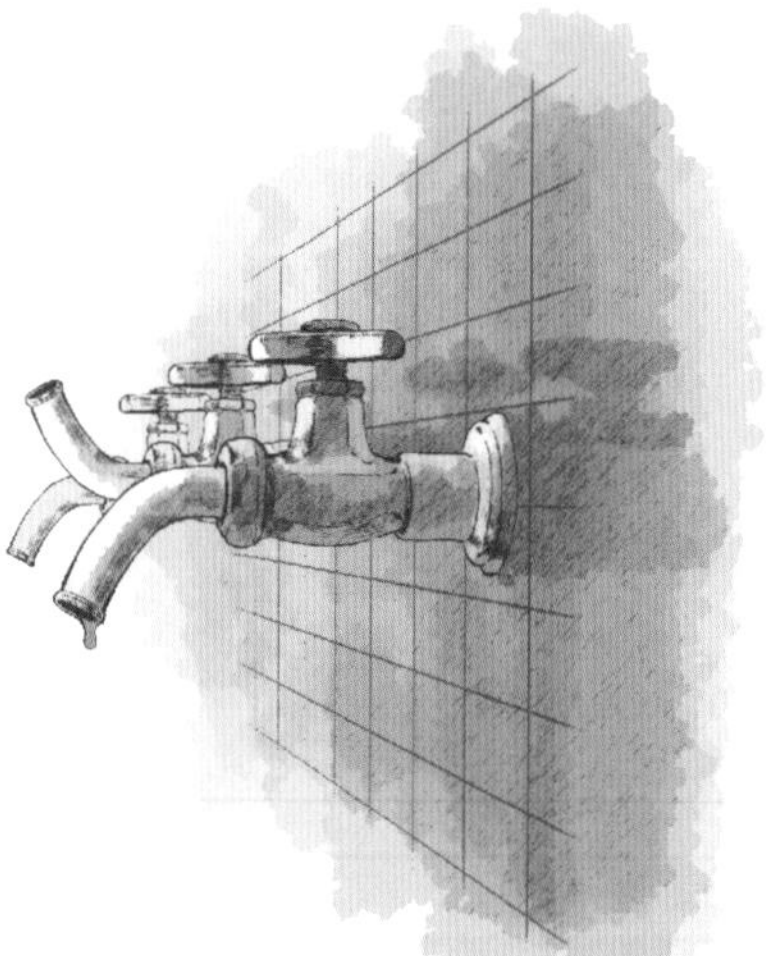

ボクシングの解説やタレントとして活躍《かつやく》している内藤大助《ないとうだいすけ》さんは、ちょっと〝おちゃめ〟な感じもしますが、元プロボクサーで、日本フライ級や東太平洋フライ級を制覇《せいは》し、2007年にWBC世界フライ級王者となった〝鉄拳《てっけん》の人〟です。

子どもの頃《ころ》から運動神経は抜群《ばつぐん》で、マラソン大会や運動会の徒競走ではいつも1位でクラスの人気者だった内藤《ないとう》さんでしたが、中学校2年生になると急にいじめの標的にされるようになりました。ボクシングをはじめたのは、この〝いじめ〟克服《こくふく》のためだったそうです。そして彼《かれ》は、独特なボクシング・スタイルでめきめきと頭角をあらわし、やがて世界挑戦のチャンスをつかみます。

でも世界の壁《かべ》は厚くて2度も負けを喫《きっ》してしまいます。3度目の挑戦《ちょうせん》の時はすでに年齢的《ねんれいてき》に下り坂と言われた32歳《さい》になっていました。世間からは〝昔の人〟扱《あつか》いです。日本の若《わか》いライバルボクサーからも「レベルが低い」「弱い」と見下されましたが、彼《かれ》はひるむことなく猛《もう》練習して王座《おうざ》を奪取《だっしゅ》、世界チャンピオンとなりました。失うものがなくなって捨《す》て身になると、人は思いもかけないパワーを発揮《はっき》することを世間の人たちに知らしめたのです。

こんなに人になりたいと
憧《あこが》れて、
モノマネをしてます。

清《し》水《みず》ミチコ
1960〜
タレント、女優《じょゆう》、エッセイスト

脳《のう》は、心地良い体験や感動をすると、それをしっかり覚えておくそうです。これは「報酬脳《ほうしゅうのう》」と言って、ご褒美《ほうび》（報酬《ほうしゅう》）をもらうとうれしくていっそう頑《がん》張《ば》るのは、脳のリワード（報酬《ほうしゅう》）システムが活性化するからだと考えられています。

また、職人や芸術家や小説家など、どんな人でも最初はお手本となる先生の模倣《もほう》（真似《まね》る）をすることが基本とされ、すべてはそこからはじまります。

タレントの清水《しみず》ミチコさんはモノマネの達人で、歌手や有名人の特長を上手につかんだ独特なモノマネ芸で大いに笑わせてくれます。真似《まね》る対象は、彼女《かのじょ》が好きな人や憧《あこが》れる人。とくに松任谷由実《まつとうやゆみ》さんのモノマネは秀逸《しゅういつ》で、実際にピアノの弾《ひ》き語りをしながら要所に〝ちゃかし〟を入れる技は職人芸の域《いき》に達しています。

そうなりたいと思って真似《まね》ると、脳《のう》はそうなるように反応します。もし、あなたが小説家になりたいと思ったら、清水《しみず》さんのように好きな作家の書いた心地良い文章をメモしたり、ノートに書いてみるといいかもしれません。それを何度もくり返すと、模倣《もほう》した文章がやがて自分のものになり、いつの間にか自分の力で文章のバリエーションをたくさん生み出せるようになります。

※リワード（報酬《ほうしゅう》）システムとは、ドーパミン（神経伝達物質）などを出して幸福感を増幅《ぞうふく》する脳機能《のうきのう》です。

ほめ言葉は魔法《まほう》の言葉。
ほめられないことをした時も
〝どうしたの？〟と
優《やさ》しい言葉をかけてね！

尾木直樹《おぎなおき》
1947〜
教育評論家《ひょうろんか》、法政大学名誉《めいよ》教授、臨床《りんしょう》教育研究所「虹《にじ》」主宰《しゅさい》

教育評論家《ひょうろんか》として多方面で活躍《かつやく》している〝尾木《おぎ》ママ〟こと尾木直樹《おぎなおき》さんは、柔《やわ》らかい〝オネエ言葉〟で、ズバズバ厳《きび》しい意見を言います。

でも、男なのにどうして〝ママ〟なんでしょう? 明石家《あかしや》さんまさんが、話し方も物腰も柔らかな彼《かれ》を見て、まるでお母さんみたいと思って〝尾木《おぎ》ママ〟と呼《よ》んだのがはじまりで、以来、彼《かれ》はみんなのお母さんになりました。

尾木《おぎ》さんは教師をしていた時代に、今のままでは教育現場を変えられないと感じて評論家《ひょうろんか》に転身したそうです。〝金八先生〟という武田鉄矢《たけだてつや》さん主演で大ヒットしたテレビドラマがありましたが、その〝金八先生〟こそがじつは尾木《おぎ》さんをはじめとした当時の熱血先生たちで、脚本《きゃくほん》は彼《かれ》らをモデルに書かれたものでした。

学校も社会もいろいろな問題を抱《かか》えて、解決するには教師としてよりも、もっと自由な立場から発言したほうがいい。熱血教師〝尾木《おぎ》ママ〟はそう考えて転身したのです。〝いじめ〟や〝体罰《たいばつ》〟など多くの問題に対して、彼《かれ》は〝ほめる〟ことの大切さを訴《うった》えました。怒《おこ》らず、叱《しか》らず、〝魔法《まほう》のほめ言葉〟で〝報酬脳《ほうしゅうのう》〟を刺激《しげき》する。彼《かれ》は、最新の脳科学《のうかがく》を採《と》り入れた新しい教育を提唱《ていしょう》しています。

「君はほんとはいい子なんだよ」の言葉が、
今も私《わたし》を支え続けている。

黒柳徹子《くろやなぎてつこ》

1933〜
女優《じょゆう》、タレント、司会者、エッセイスト、ユニセフ親善《しんぜん》大使、
2003年勲三等《くんさんとう》瑞宝章《ずいほうしょう》

女優《じょゆう》や司会者、エッセイストなど、多彩《たさい》な顔を持つ黒柳《くろやなぎ》徹子《てつこ》さん。自身の子ども時代を書いた『窓際《まどぎわ》のトットちゃん』は800万部という戦後最大のベストセラーとなり、1976年にスタートしたテレビ番組『徹子《てつこ》の部屋』は「同一司会者による番組の最多放送回数記録」としてギネス世界記録に認定《にんてい》されました。

また、平和運動家としても知られ、1984年にアジア人としてはじめて就任《しゅうにん》したユニセフ親善《しんぜん》大使では世界30余か国を訪問《ほうもん》。『ユニセフ子ども生存《せいぞん》賞』『ユニセフ第1回「子どものためのリーダーシップ賞」』を受賞しています。「見て見ぬふりを出来ないのが人間。人のために灯りをともせば自分も明るくなる。人のためにしたことは自分に返ってくる」と黒柳《くろやなぎ》さんは言っています。自身も戦争体験者で、子どもたちの飢《う》えや寂《さび》しさをよく知っているから、そのような子どもたちを見て見ぬふりなど出来ず、懸命《けんめい》に灯りをともそうとしています。

子どもの頃《ころ》に問題児だった彼女《かのじょ》は、公立の小学校を退学させられて私立《しりつ》の学園に転校しました。「君はほんとはいい子なんだよ」。その時に言われた学園長の一言が彼女《かのじょ》を決定づけます。偉人《いじん》・黒柳《くろやなぎ》徹子《てつこ》はこの魔法《まほう》の言葉で生まれたのでした。

きれいに走りたくない。
どんだけブサイクな走りでも
どんだけダサかろうとも、
僕《ぼく》は100メートルを
一番でゴールしたい。

桐《き》生《りゅう》祥《よし》秀《ひで》
1995年〜
陸上競技選手

何がなんでも一番になる。走りがブサイクでもダサくてもいい。陸上男子100メートル競技で、日本人史上初の9秒台スプリンターとなった桐生《きりゅう》祥秀《よしひで》さんは、ひたすらその想いを胸《むね》に走り続けてきました。

高校生時代から次々と日本記録を塗《ぬ》り替《か》えてきた彼《かれ》は、2016年リオデジャネイロ・オリンピックで400メートルリレーに出場し銅メダルを獲得《かくとく》。日本人初の〝9秒台〟スプリンターへもっとも近い存在《そんざい》と言われました。その期待に応えたのが翌《よく》2017年9月におこなわれた競技大会でした。追い風1.8メートルのコンディションの中、9秒98を記録したのです。「9秒台を出してやっと世界のスタートラインに立てたのかなと思います」と、この時の心境を語っています。

その前に彼《かれ》は、〝生きる伝説〟ウサイン・ボルト選手からアドバイスを受けていました。「速く走ろうなんて考えるな。自分の走りをすることだけ考えろ」。記録を超《こ》えようとして走ると欲《よく》が出ます。ただ一番でゴールするだけ。ブサかろうがダサかろうが、〝自分の走り〟一点に集中することで無駄《むだ》が削《そ》ぎ落され、走りがシンプルになります。じつはこの〝シンプル〟がいちばん〝きれい〟なのです。

楽しくラクな生活を、
あえてしない自分でいられれば、
自分の人生勝ち。

天海《あまみ》祐希《ゆうき》
1967〜
女優《じょゆう》、元宝塚歌劇団《たからづかかげきだん》月組トップスター

「勝ち組」とか「負け組」とか言われます。勉強が出来て一流の大学に入って一流会社に就職《しゅうしょく》したり、お金持ちや有名人になると〝勝ち組〟なんだそうです。誰《だれ》が決めたのでしょうね？　元宝塚歌劇団《たからづかかげきだん》のトップスターで女優《じょゆう》として活躍《かつやく》している天海祐希《あまみゆうき》さんは、「悪い方向に流れていくことも堕落《だらく》した生活をすることも、そっちのほうが楽しいかもしれないし、ラクかもしれないけど、そうしなかった自分でいられれば、自分の人生勝ち」と言っています。

楽しいことはいいことですが、悪い方向に流れたり堕落《だらく》してしまったら楽しくないですよね。宝塚《たからづか》にはとても厳《きび》しい規律《きりつ》があって、「星組」や「月組」など、それぞれの〝組〟どうしが切磋琢磨《せっさたくま》して歌や演技のレベルアップをめざします。

そこには「勝ち組」「負け組」なんてありません。天海《あまみ》さんは、もともとストイック（禁欲的《きんよくてき》）な性格のようですが、〝ラク〟なことから遠く離《はな》れた世界で鍛《きた》えられたことでさらに磨《みが》かれ、人を感動させる演技が出来るのだと思います。そして彼女《かのじょ》は、「最後に自分が勝てたと思って死ねればいい」と言いました。一度は心《しん》筋梗塞《きんこうそく》で倒《たお》れ、再起して人を感動させた彼女《かのじょ》のような人こそが「勝ち組」なのです。

犬は無償《むしょう》の愛のお師匠《ししょう》さま。
人間は愚《おろ》かでどうしようもない。

馳《はせ》星《せい》周《しゅう》
1965年〜
小説家、2020年直木賞

2020年の直木賞を受賞した作家の馳星周《はせせいしゅう》さんは、『ノワール小説』の騎手《きしゅ》として以前から注目されていました。

はじめて直木賞の候補《こうほ》に挙がったのが23年前。7回もノミネートされて落選続きだった彼《かれ》は、受賞のスピーチで「直木賞を取るために書いているのではなくて、書きたいものを書きたい時に書いているだけ。それが『直木賞』というカタチになった」と淡々《たんたん》と語りました。

『ノワール小説』は〝暗黒小説〟とも言われ、人間社会の暗部や愚《おろ》かで危険《きけん》な香《かお》りのする人たちを主人公にしてストーリー展開《てんかい》がはかられますが、受賞作は人間と犬のふれあいを描《えが》いた『少年と犬』。すごいギャップですね。犬などの動物をモチーフ（題材）にした小説は〝あざとい（ずるい）〟という審査員《しんさいん》の意見もあって接戦となり、わずか1票差での受賞だったそうです。

彼《かれ》の作風が変わったのは40歳半《さいなか》ば過ぎの頃《ころ》で、犬との出会いや共生を通して、肩《かた》の力が抜《ぬ》けた小説を書くようになりました。「犬は無償《むしょう》の愛の先生」と彼《かれ》は言います。犬の先生からたくさん学んで、それが『直木賞』に結実したのでしょう。

読む、書く、旅する。
人生には
この三つが必要です。

曽野綾子《そのあやこ》

1931〜
小説家、1993年日本芸術院賞・恩賜《おんし》賞、
1995〜2005年日本財団会長、2003年文化功労者

作家・曽野綾子《そのあやこ》さんは、小説家としてだけでなく、社会、教育、政治的な面まで辛口《からくち》の論評《ひょうろん》をおこなう人としても知られています。

とくに人間の甘《あま》えについては、激辛《げきから》な意見で反感や批判《ひはん》を買うこともしばしばですが、折れることなく自分の道をまっしぐらです。思想や信条は人それぞれ違《ちが》って、彼女《かのじょ》は自分の信条から発した言葉や行動の責任を自覚しているからこそ、そのような言動を取れるのだと思います。

曽野《その》さんは旅好きな人で、52歳《さい》の時にサハラ砂漠《さばく》縦断《じゅうだん》の旅をして以来、アフリカには何度も行っているそうです。世界最貧《さいひん》国の一つと言われる国も訪《おとず》れました。そこで彼女《かのじょ》は貧《まず》しいながらも助け合って懸命《けんめい》に生きる人たちを何人も見て、文明や文化と言うものを深く考えます。

思想や信条は、読書をし、考え、それを文章にすることで形成されるという考え方があります。旅をし、さまざまな人とふれあうことによって考え方の幅《はば》は拡《ひろ》がります。カソリック教徒でもある曽野《その》さんは、自身の体験とキリストの説いた〝愛〟という視線《しせん》で世界を見渡《みわた》しているのかもしれません。

自分が知っている世界だけが、
現実というわけではない。

角田光代《かくたみつよ》

1967〜
小説家、児童文学作家、翻訳《ほんやく》家、2005年直木賞

「生活様式の変容」とか「行動変容」といった言葉がよく聞かれます。新型コロナウイルスの感染拡大《かんせんかくだい》を食い止めるためには、これまでの生活や行動を見直して新しいスタイルに変える必要があるのだそうです。

作家の角田光代《かくたみつよ》さんは、子どもの頃《ころ》、身体が小さくて言葉もあまりうまく話せませんでしたが、そんなコンプレックスを解消するために本を読みはじめ、小学校1年生の時に作家を志《こころざ》したと言います。学生時代はボクシングに打ち込《こ》んで心身を鍛《きた》えました。身体感覚を研ぎ澄《す》ますと、これまで気づかなかったことに気づいたり、身体を常にいい状態に保つために生活習慣が変わると言われます。

彼女《かのじょ》は怖《こわ》がりなんだそうですが、24歳《さい》の時に一人でタイへ出かけてから旅の魅力《みりょく》にとりつかれ、以来、50近い国を訪《おとず》れました。言葉も生活習慣も国によって違《ちが》い、行くたびに新鮮《しんせん》な驚《おどろ》きがあります。彼女《かのじょ》の旅のエッセイにはそんな体験が書かれていて、読むと自分の知らない世界がいっぱいあることに気づかされます。

「行動変容」を強いられて、角田《かくた》さんの旅は、今お休み中。新しい生活様式で人間の感覚はどうなっていくんだろうかと、彼女《かのじょ》はとても気にかけています。

ヒロシです。
ネガティブに、「慎重《しんちょう》」「冷静」に
生きてます。

ヒロシ
1972〜
芸人、タレント、俳優《はいゆう》、ユーチューバー

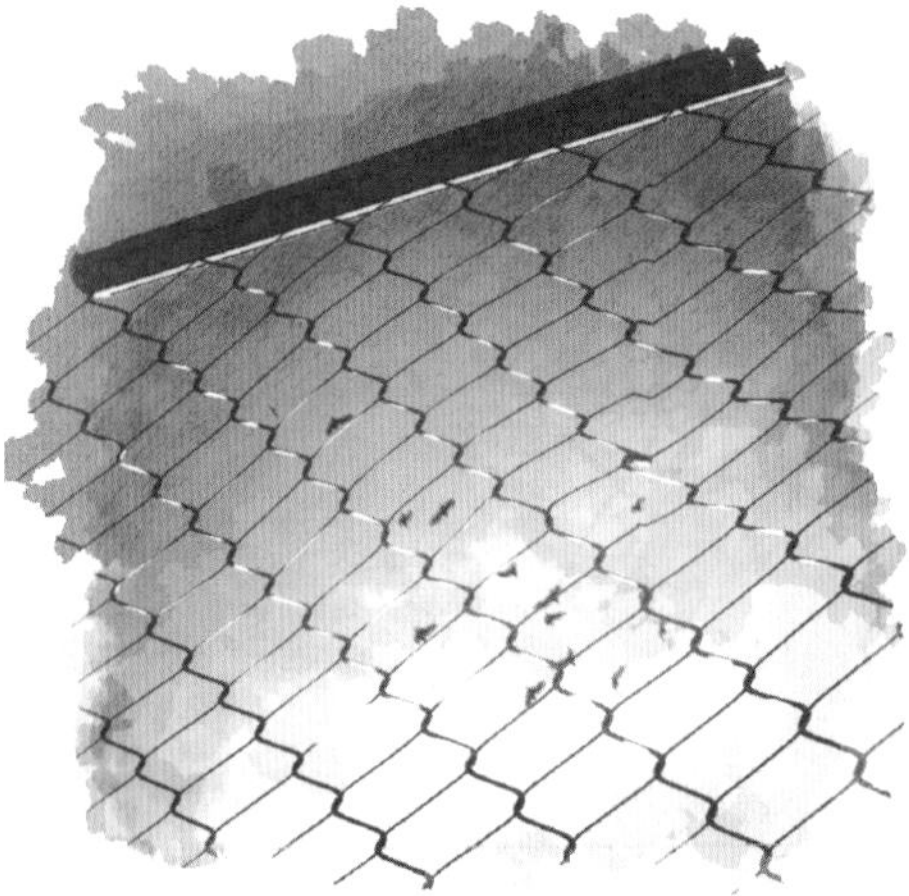

2000年代、テレビのバラエティ番組などで人気を博したヒロシさんは、今、テレビも何もない野山でソロキャンプ生活中です。

「ソロキャンプ」は、たった一人でキャンプ生活をすることで、人里離《はな》れた場所でのキャンピングは寂《さび》しいけれど、そんな生活が自分に合っているとヒロシさんは言います。「好きな時に好きな場所に行けるし、無理に人に合わせなくていいので、のんびり気楽に生きられる」。自由ですね。今の世の中、そんな〝3密《みつ》〟とは無縁《むえん》な生活が出来る人はなかなかいませんが、ある意味で上手《じょうず》な生き方です。

彼《かれ》は〝ネガティブ芸人〟と言われ、少し前には彼《かれ》のつくった『まいにち、ネガティブ』という日めくりカレンダーが話題になりました。

ネクラな自分の性格を逆手《さかて》に取ってそれを武器にする。似た人に、ただブツブツつぶやくだけの芸で人気者となった〝つぶやきシロー〟という人がいました。〝ポジティブに頑張《がんば》る〟ことが良しとされる社会風習や芸能界で、ヒロシさんは〝ネガティブ〟のほうが「慎重《しんちょう》」「冷静」に行動出来ると、ソロキャンプでネクラに磨《みが》きをかけています。コロナの時代を生きる、一つのヒントになりそうです。

すべての未来世代の目は、
あなたたち（大人たち）に
注がれている。

グレタ・トゥンベリ

2003〜
スウェーデンの環境《かんきょう》活動家

「（資源《しげん》や環境《かんきょう》を含《ふく》む）自然は、祖先から譲《ゆず》り受けたものではなく、子孫からの預《あずか》りものである」。これはアメリカの先住民・ナバホ族の言葉です。

環境《かんきょう》活動家として世界の注目を浴びているグレタ・トゥンベリさんは、ストライキやさまざまな活動を通して、子どもの目から見た地球温暖化《おんだんか》問題に関する発言をおこなっています。そして「私《わたし》たちの未来を大人たちが奪《うば》っている」と訴えました。まさに、今、大人たちは〝未来の子孫からの預《あずか》りもの〟である大切な自然の一部を自分たちの世代で使い切ろうとしています。

地球温暖化《おんだんか》はデリケートな問題です。オーロラ研究の世界的な権威である赤祖《あかそ》父《ふ》俊一《しゅんいち》さんは、「自然変動を忘《わす》れて気候変動を論《ろん》ずることは出来ない」と言いました。温暖化《おんだんか》や寒冷化の原因が、すべて人的要因（CO_2）だと決めつけることには疑問《ぎもん》がある、環境破壊《かんきょうはかい》を食い止めるほうが先ではないかと言うのです。

グレタさんは温暖化《おんだんか》問題を訴《うった》えていますが、これには具体的な解決の対案（代案）がないという弱みが指摘《してき》されています。未来世代とはみなさんのこと。自分の未来は、偏見《へんけん》なく自分の目と心でしっかり見極めることが大切です。

※「偏見《へんけん》」とは、かたよったモノの見方。一方向から見るだけでは真実（全体像）を見ることが出来ません。

悩《なや》む理由がわかるってことは、
もう答えが出ているってこと。

カズレーザー
1984〜
芸人、タレント

このままゲームを続けたいけど明日の試験どうしよう？ とか、この問題どうやって解けばいいんだろう？ とか、いっぱい悩《なや》みがありますよね。

『メープル超合金《ちょうごうきん》』のカズレーザーさんは、「悩《なや》む気持ちが僕はわからない。悩《なや》んでいる理由がわかればもう答えが出ているのだから、悩《なや》む必要などない」と言っています。悩《なや》みが試験のことならゲームを止めて勉強を優先《ゆうせん》すればいいし、問題が解けなければ参考書を見るとか、誰《だれ》かにアドバイスしてもらえば解決します。悩《なや》むことは大切ですが、その悩《なや》む理由がすでに答だと彼《かれ》は言っているのです。

ピン（一人）芸人をしていた彼《かれ》は安藤《あんどう》なつさんとコンビを組んで、2014年に『メープル超合金《ちょうごうきん》』を結成、2015年に漫才《まんざい》新人大賞、M-1グランプリなどで決勝進出を果たして一気にブレークしました。

テレビのクイズ番組では、並《な》みいる競合相手に一歩も引けをとらず、知識量の豊富さと頭の回転の良さでも知られています。彼《かれ》の趣味《しゅみ》は「読書と筋《きん》トレと美術館めぐり」だそうですが、読書も頭（脳《のう》）の筋《きん》トレです。きっと本をたくさん読んだから頭の筋肉《きんにく》も発達して、いっぱい知識の引き出しがあるのでしょう。

考えてねーじゃん、
悩《なや》んでいるだけじゃん。

鴻《こう》上《かみ》尚《しょう》史《じ》

1958〜
劇《げき》作家、演出家、日本劇《げき》作家協会会長（代表理事）、
桐朋《とうほう》学園芸術短期大学特別招聘《しょうへい》教授

劇《げき》作家で演出家の鴻上尚史《こうかみしょうじ》さんは、テレビやラジオなど、さまざまなメディアを通じて自分の想いや考えを発信しています。

大学在学中に劇団《げきだん》『第三舞台《ぶたい》』を旗揚《はたあ》げし、岸田國士戯曲賞《きしだくにおぎきょく》や読売文学戯曲賞《ぎきょく》などを受賞、一躍《いちやく》〝時の人〟となった彼《かれ》は、ジャンルを超《こ》えた幅《はば》広い活動をおこなうようになります。テレビの討論《とうろん》番組では、世界の若者《わかもの》たちとさまざまな問題について論《ろん》じ合い、雑誌社主宰《しゅさい》のネットでは人生相談をおこなって、ユニークな核心《かくしん》を突《つ》いた回答で人気を博しています。

そんな彼《かれ》が、元特攻《とっこう》兵について書いた本を発表します。太平洋戦争の時、追い詰《つ》められた日本軍が最後の砦《とりで》にしたのが〝特攻隊《とっこう》〟でした。本は、からくも生き残った元特攻《とっこう》兵の人に綿密《めんみつ》な取材を重ねて書かれたものです。

この本を通して、鴻上《こうかみ》さんは「日本人の同調圧力《あつりょく》の強さと自尊《じそん》意識の低さ」を訴《うった》えたかったそうです。〝同調圧力《あつりょく》〟は、自分の意見よりも周りの空気を大事にすることで、〝自尊《じそん》意識が低い〟は自信がないこと。悩《なや》んでないでしっかり考えれば、周りに流されず自信をもって行動出来るようになりますよと彼《かれ》は言っています。

人類がはじめて言葉を発したのは、
今からおよそ7万年前、ホモサピエンス（人類）が
アフリカからヨーロッパに進出した頃《ころ》ではないか
と考えられています。それから長い年月を経て
文字が発明されました。最古の文字は
紀元前4千年頃《ころ》の後期新石器時代、シュメール文明による
「くさび形文字」だと言われます。
これは〝メソポタミア文字〟とも呼《よ》ばれ、

エジプトの「ヒエログリフ」も
その頃《ごろ》から使用されていました。

文字は、同時並行《へいこう》的に独立して生まれ、

中国の「漢字」は後期新石器時代の原文字が
発展《はってん》したものとされます。「漢字」は、
紀元4~5世紀頃《ごろ》に朝鮮半島を経由して日本に伝わり、
やがて「ひらがな」という
日本独自の〝文字文化〟が生み出されました。

打たれれば、打たれるほど、
磨《みが》かれツヤツヤと輝《かがや》かせてくれる。
ありがたいことだ。

藤《ふじ》岡《おか》弘《ひろし》、

1946〜
俳優《はいゆう》、タレント、武道家、探検《たんけん》家、実業家

『仮面ライダー』という人気のテレビ番組があります。「藤岡弘《ふじおかひろし》、」さんは、番組がスタートした1971年に『仮面ライダー1号』の本郷猛《ほんごうたけし》役に抜擢《ばってき》され、アクションスターとして一躍《いちやく》注目されるようになりました。

2002年から放映《ほうえい》された番組『藤岡弘《ふじおかひろし》、探検隊《たんけんたい》シリーズ』では隊長を務め、謎《なぞ》の猿人《えんじん》がいると言われるアマゾン奥地《おくち》や、伝説の野人を探《さが》しにミャンマーの密林《みつりん》を探索《たんさく》するなど6回の探検《たんけん》をおこない『藤岡《ふじおか》隊長』の愛称《あいしょう》で親しまれました。

藤岡《ふじおか》さんの家は、家伝の古武道『藤岡《ふじおか》流』を代々継承《けいしょう》する家柄《いえがら》で、武道家のお父さんと茶道や華道《かどう》の先生をしていたお母さんから、徹底《てってい》したしつけと教育、武道などを通して心身ともに厳《きび》しく鍛《きた》えられたと言います。

「打たれ強い」という言葉があります。打たれると、そのつど心と身体に「抗《こう》体《たい》（免疫《めんえき》）」が出来るのでしょうか。「ありがたい」という言葉には、打たれることと抗体《こうたい》が出来る、両方の意味合いが含《ふく》まれているのだと思います。彼《かれ》の名前には読点の「、」が入っていますが、これは昔の武将《ぶしょう》が何か決意をする時に「、」を打ったそうで、自分も武将《ぶしょう》のように生きたいという彼《かれ》の決意表明なのでしょう。

勉強とは、
まず己《おのれ》を知ることから
はじまるのだ。

阿《あ》部《べ》寛《ひろし》
1964〜
俳優《はいゆう》、モデル

「自分に厳《きび》しく客観的になれる自信を持て」「テストは最期の1秒までが戦いだ」「歯を磨《みが》くように勉強しろ」「創造《そうぞう》は真似《まね》ることからはじまる」…。2005年にテレビ放映された『ドラゴン桜』は大学受験のバイブルと言われ、テーマの言葉を含《ふく》めて、勉強だけでなく人間力を養う〝名言〟がいっぱいあります。

人気漫画《まんが》をテレビシリーズ化したこのドラマで主演を務めたのが、映画《えいが》『テルマエ・ロマエ』や『TRICK』などで人気を博した俳優《はいゆう》の阿部寛《あべひろし》さん。コミカルな演技もシリアス（真面目）な演技も何でもこなせる役者としてテレビや映画《えいが》に引っ張りだこです。『ドラゴン桜』は、阿部《あべ》さん演じる元暴走族出身の弁護士・桜木が、落ちこぼれの生徒たちを偏差値《へんさち》の高い大学に現役合格させるまでを描《えが》いた物語で、山下智久《やましたともひさ》さんや長澤《ながさわ》まさみさんなどが生徒役で出演。このドラマを契《けい》機《き》に大きく成長して、今や押《お》しも押《お》されもしないスターとして大活躍《かつやく》しています。

「己《おのれ》を知る」とは、自分を見つめ、弱さも強さも知ること。弱さを知ってそれと上手《じょうず》につきあうことで、強さを活かした新たな勉強法が見つかるかもしれません。内省《ないせい》（己《おのれ》を見つめる）すると、眠《ねむ》っていた可能性が目覚めるのです。

何してんだよ！
一人じゃ起き上がれないのかよ！

仲間由紀恵《なかまゆきえ》
1979～
女優《じょゆう》、タレント

幅広《はばひろ》い演技力に定評のある女優《じょゆう》の仲間由紀恵《なかまゆきえ》さんは、コミカルな演技もこなせてファンを大いに楽しませてくれます。2000年にスタートしたコメディタッチのテレビドラマ『トリック』シリーズでは阿部寛《あべひろし》さんとコンビを組んで大ヒット、『TRICK』として映画化《えいがか》もされました。

テーマの言葉は、彼女《かのじょ》が主演したテレビドラマ『ごくせん』で、先生役の仲間《なかま》さんが生徒に向かって放ったものです。彼女《かのじょ》の役は「大江戸《えど》一家」という任侠《にんきょう》の家柄《いえがら》の四代目にして高校の教師・山口《やまぐち》久美子《くみこ》。まさに〝ごくせん（極道《ごくどう》先生）〟です。〝極道《ごくどう》〟とは字のごとく〝道を極《きわ》める〟ことで、教師の道を極《きわ》めたかったのですね。しかし、受け持った教室は〝超《ちょう》問題児〟だらけ。名前を略《りゃく》して『やんくみ』と呼《よ》ばれた先生は、彼《かれ》らに手を焼きながらも次第に心が通じ合っていきます。

励《はげ》ましたり、行動を促《うなが》すことを〝ゲキを飛ばす〟と言いますが、ヤンクミ先生はいつも生徒たちに〝ゲキ〟を飛ばします。そして、武道の達人でもある先生は、生徒たちのために身体を張ってさまざまな障害《しょうがい》を乗り越《こ》えます。その身のこなしは、転んでもすぐ起き上がる、まさに〝起き上がりこぼし〟のようです。

私《わたし》がレスリングをやるのではなく、
私《わたし》のためにレスリングがある。
だから勝つのは当たり前。

山本美優《やまもとみゆう》
1974〜
女子レスリング選手、総合格闘家《かくとうか》

天性の格闘技《かくとうぎ》センスから〝神の子〟と呼《よ》ばれ、憧《あこが》れや伝説として語り継《つ》がれている山本《やまもと》ＫＩＤ《きっど》徳郁《のりふみ》さんは、２０１８年に41歳《さい》の若《わか》さで世を去りましたが、その〝神の子〟のお姉さんが山本《やまもと》美優《みゆう》さんです。

美優《みゆう》さんは、ミュンヘン・オリンピックのレスリング日本代表だった父親を持つレスリング一家の長女として生まれ、世界を舞台《ぶたい》に戦いをくり広げてきました。子どもの頃《ころ》からレスリングに親しみ、わずか13歳《さい》で第１回全日本選手権《せんしゅけん》で優勝《ゆうしょう》。その後同選手権《せんしゅけん》を４連覇《れんぱ》し、17歳《さい》の時には世界選手権《せんしゅけん》で最年少優勝《ゆうしょう》を飾《かざ》り、これも３連覇《れんぱ》して〝世界に敵なし〟と言われました。さすが〝神の子〟のお姉さんです。

その後、結婚《けっこん》して出産、育児に追われ、一時引退表明をしましたが、子どもたちが成長すると、１９９８年に現役復帰して再びリングに登場。世界選手権で準優勝すると、翌年《よくとし》には全日本選手権《せんしゅけん》で優勝《ゆうしょう》して再び日本一に輝《かがや》きました。

「自分がレスリングをやるのではなく、自分のためにレスリングがある」。そう彼女《かのじょ》は言っています。ちょっと言葉を入れ替《か》えただけですが、この発想の転換《てんかん》によって、言葉が自信を呼《よ》び覚まし、勝利を引き寄せるのです。

近づいては遠ざかる。
何度もそれをくり返して、
ついにここまで
来ることが出来た。

明日華《あすか》
1981年〜
女子プロレスラー、実業家

アメリカ最大のプロレス団体『ＷＷＥ』で活躍《かつやく》する明日華《あすか》さんは、アメリカでは大谷翔平《おおたにしょうへい》さんよりも知名度の高い女子プロレス界のスーパースターです。

２０１５年に全米デビューする前は、『華名《かな》』のリングネームでジャガー横田《よこた》さんやダンプ松本《まつもと》さんら、当時、日本の看板《かんばん》女子レスラーと激闘《げきとう》をくり広げ、一躍《やく》スターダムに駆《か》け上りました。しかし、スケールの大きな彼女《かのじょ》は、従来《じゅうらい》の〝女子プロレス〟の枠《わく》には収《おさ》まりきれないレスラーでした。女子レスラーの扱《あつか》われ方や、試合での暗黙《あんもく》の決まり事など、古いしきたりに疑問《ぎもん》を抱《だ》いて、自分の理想とするプロレスを追求するためにアメリカへ渡《わた》ります。

芸術大学で学んだ彼女《かのじょ》は、イラストレーター、ウェブデザイナーなどの肩書《かたがき》を持ち、さらに実業家で落語家前座《ぜんざ》という異色《いしょく》の女子レスラー。そんなユニークでスケールの大きな彼女《かのじょ》はアメリカのプロレスファンを魅了《みりょう》します。大きな女子レスラーを相手に２６７連勝の記録をつくり、２０２０年、近づいたと思ったら遠ざかって、なかなか手の届《とど》かなかったＷＷＥ史上２人目となるグランドスラムを達成。あきらめない強い気持ちが歴史に残る偉業《いぎょう》を成し遂《と》げさせたのでした。

月は太陽に照らされて光る。
他者があって自分があるという、
その深みに惹《ひ》かれました。

毛利衛《もうりまもる》

1948〜
宇宙《うちゅう》飛行士、科学者、宇宙《うちゅう》航空研究開発機構（JAXA）有人宇宙《うちゅう》活動推進《すいしん》室長、
日本科学未来館館長、2018年レジオンドヌール勲章《くんしょう》シュヴァリエ

あなたは、宇宙《うちゅう》飛行士がミッションをこなす時にいちばん大切なものは何だと思いますか？　体力、知識、技術、判断力、決断力…？　どれも必要なものですが、科学者で宇宙《うちゅう》飛行士の毛利衛《もうりまもる》さんは〝思いやり〟だと言っています。スペースシャトルや国際宇宙《うちゅう》ステーションのような生死を分ける極限の環境《かんきょう》では、飛行士たち一人ひとりが自分の能力を最大限に発揮《はっき》するため、互《たが》いに助け合い、支え合わないとミッションをこなせないんだそうです。テーマの言葉は、日本人初の宇宙《うちゅう》飛行士として2度もスペースシャトルで宇宙《うちゅう》へ行った毛利《もうり》さんが、宇宙《うちゅう》ステーションから見た月の印象を語ったもので、他者を思いやる精神は、もとより日本人が持っている世界に誇《ほこ》る文化の一つだと言っています。

「宇宙《うちゅう》からは国境は見えない」。国境のない美しい地球を見て毛利《もうり》さんは感動します。そこには２００以上の国があり、70億もの人々が日々の生活を営んでいます。宇宙《うちゅう》から見ると地球は小さくて、まるで〝宇宙船地球号〟だと思ったそうです。

そして、宇宙《うちゅう》ステーションと同じようなギリギリの環境《かんきょう》にあるのに、資源《しげん》の奪《うば》い合いなどをしていたら共倒《ともだお》れになってしまうと危機感《ききかん》を訴《うった》えました。

フィクション（想像）でつくった小包、
読み手の「あなた」への届《とど》け物です。
中には愛の手紙が込《こ》められています。

朝《あさ》吹《ぶき》真《ま》理《り》子《こ》
1984〜
小説家、2010年ドゥマゴ文学賞、2011年芥川《あくたがわ》賞

小説家の朝吹真理子《あさぶきまりこ》さんは、自身の作品を、読者への届《とど》け物で中身は〝ラブレター〟だと言っています。芥川《あくたがわ》賞作家のお姉さんから、こんなおしゃれなメッセージを添《そ》えて本が贈《おく》られて来たら〝ドキドキ〟しますね。

彼女《かのじょ》は、詩人の吉増剛造《よしますごうぞう》さんを囲む会でスピーチしたことがきっかけとなって小説を書くようになったそうですが、最初に書いた『流跡《りゅうせき》』という作品で『ドゥマゴ文学賞』を最年少で受賞、さらに翌年《よくとし》に発表した小説『きことわ』で『芥川賞《あくたがわ》』を受賞しました。わずか2年での文壇《ぶんだん》デビューです。

彼女《かのじょ》の作品を読むと、何か不思議な〝もやもや感〟に包まれると言った人がいました。何げないどこにでもありそうな日常が描《えが》かれていますが、透明感《とうめいかん》のある文体で読む人を〝不思議の森〟へといざないます。朝吹《あさぶき》さんは多趣味《しゅみ》で、将棋《しょうぎ》やチェス、さらに『実験音楽』というコンテンポラリー（前衛的なスタイル）な音楽を好んで聴《き》くそうで、彼女《かのじょ》がめざしているのは、言葉で説明しきれないものや想いを、あえて言葉で表現するコンテンポラリーな『実験小説』なのかもしれません。彼女《かのじょ》のラブレターを読んで、言葉の〝不思議の森〟の中を探検《たんけん》すると面白《おもしろ》いですよ。

ナショナリズムとは
「自分が地球上の一番いい場所に生まれた」
という思い込《こ》みだ。

マルクス・ガブリエル
1980～
ドイツの哲学《てつがく》者、ボン大学教授

今、〝世界でもっとも注目される天才哲学《てつがく》者〟と言われるマルクス・ガブリエルさんは、経済《けいざい》や政治の面でも世界に向けてさまざまな発言をおこなっています。時々テレビにも登場して、「消費社会が生む過剰《かじょう》な欲望《よくぼう》と格差」や、コロナの時代にふさわしい「命や環境《かんきょう》を優先《ゆうせん》した倫理的《りんりてき》な資本主義」など、哲学《てつがく》者の目から見た世界の問題点などを鋭く指摘して解決法を教えてくれています。

彼《かれ》の哲学《てつがく》は「新・実在論《じつざいろん》」と言って、これまでのヨーロッパ的な哲学《てつがく》の流れや考え方に新風を吹《ふ》き込《こ》むものです。言ってみれば「ヨーロッパ哲学《てつがく》の進化論《しんかろん》」みたいな感じです。でも、これは画期的なことなのです。

彼《かれ》は、英語、イタリア語、中国語、フランス語など7か国語を自在に操《あやつ》り、さらに古代ギリシャ語やラテン語などにも習熟《しゅうじゅく》していると言われます。まさに天才ですね。そんな天才哲学《てつがく》者が、今、いちばん憂《うれ》いているのがコロナ危機《きき》によってナショナリズム化する世界情勢です。『ナショナリズム』とは自国主義のこと。自分の国がもっとも優《すぐ》れているとして他国を見下す「優生《ゆうせい》思想」です。そのような優越感《ゆうえつかん》は、たんなる思い込《こ》み（錯覚《さっかく》）にすぎないと彼《かれ》は言っています。

※ヨーロッパの哲学《てつがく》は、ピュシス（自然）哲学《てつがく》からはじまり、プラトン以降《いこう》はロゴス（言語や論理《りんり》）哲学《てつがく》が主流となりました。マルクスさんはそこに欠けていたものを探求《たんきゅう》しています。

人生の導き手である
良い書物や本の中で語られる言葉は、
求めさえすれば
みなさんのものとなることでしょう。

津田梅子《つだうめこ》

1864〜1929
女子英学塾《えいがくじゅく》（現在《げんざい》の津田塾《つだじゅく》大学）創立者

２０２４年（予定）から紙幣《しへい》の顔が変わりますが、千円札の顔は北里柴三郎《きたさとしばさぶろう》さん、一万円札が渋沢栄一《しぶさわえいいち》さんで、五千円札に起用されたのが日本の女子教育の先《せん》駆《く》者と言われる津田梅子《つだうめこ》さんです。

彼女《かのじょ》は、６歳《さい》の時に『岩倉遣欧使節団《いわくらけんおうしせつだん》』に伴《ともな》われてアメリカに留学しました。先進的なアメリカの生活様式や文化、社会習慣などを学んで10年後に帰国しますが、日本女性の地位や置かれた状況《じょうきょう》を見てショックを受けます。教育や結婚《けっこん》など、女性に対する考え方が江戸《えど》時代と変わっていなかったのです。

アメリカでは、女性たちが積極的に社会進出をして活躍《かつやく》していました。10年間もそんな社会を見て来たのでカルチャーショックを受けたのでしょうね。

そして日本女性の社会的な地位向上と教育推進《すいしん》のために、女子英学塾《えいがくじゅく》（現在《げんざい》の津田塾《つだじゅく》大学）を開校、初代塾長《じゅくちょう》となります。女性の啓蒙《けいもう》（目を開く）のために、彼女《かのじょ》は本を読むことの大切さを説きました。これは女性に限らず誰《だれ》にでも言えることで、本と対話をするように読むと書かれた言葉に共感を覚えるようになり、それをくり返すことで自分のものになると彼女《かのじょ》は語っています。

人間は口は一つ、耳は二つだ。
まず、人の話を聞け。
人間関係をうまくやるコツだ。

佐《さ》藤《とう》栄《えい》作《さく》
1901〜1975年
政治家、第61〜63代内閣《ないかく》総理大臣、1974年ノーベル平和賞

佐藤栄作《さとうえいさく》さんは第61～63代内閣《ないかく》総理大臣を務め、『日韓基本条約批准《にっかんきほんじょうやくひじゅん》』や『非核《ひかく》3原則提唱《ていしょう》』、『沖縄返還《おきなわへんかん》』を成し遂《と》げました。「核兵器《かくへいき》をつくらず、持たず、持ち込《こ》まず」という『非核《ひかく》3原則』、聞いたことがありますよね。これが評価されたことで彼《かれ》は1974年にノーベル平和賞を受賞しました。2020年時点で日本人のノーベル平和賞受賞は彼《かれ》ただ一人です。

佐藤《さとう》さんは、第56・57代内閣《ないかく》総理大臣を務めた岸信介《きしのぶすけ》さんの弟で、前総理大臣の安倍晋三《あべしんぞう》さんは大甥《おおおい》に当たります。政治家は国民の声を聞き、それを国政に反映《はんえい》させます。自分のことを語る前に、まず相手の話に耳を傾《かたむ》けることが大切で、これは政治家に限らず人間関係をスムーズにするコツだと佐藤《さとう》さんは語りました。そして、自分のことを「〝栄《えい》ちゃん〟と呼《よ》ばれたい」と言いました。

先輩《せんぱい》政治家の大野伴睦《おおのばんぼく》さんは〝伴《ばん》ちゃん〟とみんなから親しみを込《こ》めて呼《よ》ばれていたそうで、彼《かれ》もそれを望んだようです。〝～ちゃん〟とは、人柄《ひとがら》や言動によって周りから自然にそう呼《よ》ばれるようになるものです。人の話を聞いていい人間関係を築けば、きっと〝ちゃん〟付けで呼《よ》ばれるようになるのでしょう。

日本の子どもには、もっと孤独《こどく》を教えないと思想は生まれません。

川端康成《かわばたやすなり》

1899〜1972

小説家、文芸評論家《ひょうろんか》、1961年文化勲章《くんしょう》、1968年ノーベル文学賞、1972年正三位《しょうさんみ》勲一等《くんいっとう》旭日大授章《きょくじつだいじゅしょう》

「国境の長いトンネルを抜《ぬ》けると雪国であった。…」。1935年から1948年にかけて書かれたこの小説『雪国』で、1968年に文豪《ぶんごう》・川端康成《かわばたやすなり》さんが日本人ではじめてノーベル文学賞を受賞しました。

〝日本文学の最高峰《さいこうほう》〟と称《しょう》された彼《かれ》は。授賞式の講演で日本人の死生観や美意識を世界に紹介《しょうかい》しています。受賞は69歳《さい》の時ですが、それまで歩んだ彼《かれ》の人生はまさに長いトンネルのようでした。1歳《さい》の時にお父さんを、3歳《さい》の時にお母さんを亡《な》くしてお爺《じい》さんの家に引き取られて育ちますが、そのお爺《じい》さんも彼《かれ》が中学校3年生の時に他界して孤児《こじ》となります。

幼少《ようしょう》からのそのような体験が、ある意味で彼《かれ》の文学を目覚めさせたのかもしれません。代表作の『雪国』や『伊豆《いず》の踊子《おどりこ》』などを発表する前は、詩的な作品や神秘的《しんぴてき》な作品、少女小説などジャンルを超《こ》えた多彩《たさい》な作品を手掛《てが》けて〝奇術師《きじゅつし》〟と呼《よ》ばれたそうです。人生にも作品にも常に「孤独《こどく》」や「死」の影《かげ》が差してトンネルの中をのぞくようですが、彼《かれ》は一人暗闇《くらやみ》と格闘《かくとう》しながら光の射《さ》す出口へと向かう独自の美意識と思想を形成して行ったのだと思います。

他の人と同じことを
やりたくなかった。

利根川進《とねがわすすむ》

1939〜
生物学者、マサチューセッツ工科大学教授、
理化学研究所脳《のう》科学総合研究センター（センター長）、
1987年ノーベル生理学・医学賞

最近、「抗体《こうたい》」という言葉をよく耳にしますね。生物の体内に侵入《しんにゅう》してきた病原体を攻撃《こうげき》して病気にならないようガードするタンパク質のことですが、1987年に、この「抗体《こうたい》」をつくる遺伝的な原理を解明した業績により、利根《とね》川進《がわすすむ》さんが日本人としてはじめてノーベル生理学・医学賞を受賞しました。「抗体《こうたい》」は種類が多すぎて、どの病原体にどの「抗体《こうたい》」が働くのかよくわかっていませんでした。利根川《とねがわ》博士は、これらの「抗体《こうたい》」を遺伝子《いでんし》レベルで調べ、病原体に対応した抗体《こうたい》のつくられるしくみを解明したのです。

博士は負けん気が強く、思い立ったら何がなんでも一直線に突《つ》き進む人だそうです。人一倍好奇心《こうきしん》も強く、その後、彼《かれ》は「生物学」から「脳《のう》科学」、「認知《にんち》科学」へと研究分野を拡《ひろ》げていきました。

当時、「脳《のう》」の研究はまだはじまったばかりで謎《なぞ》だらけでした。好奇心《こうきしん》と負けん気の強い博士は、他の人のやらないことをやりたかったのでしょうね。「脳《のう》」と「心」の問題はいまだに解明されていませんが、彼《かれ》はこの未解明の分野に飛び込《こ》んで、今もエネルギッシュに研究活動をおこなっています。

人間には回復力がある。
だから、
それを信じなきゃいけない。

大江《おおえ》健三郎《けんざぶろう》

1935〜
小説家、1958年芥川賞《あくたがわしょう》、1994年ノーベル文学賞、
2002年レジオンドヌール勲章《くんしょう》

人は何かを信じて生きています。宗教《しゅうきょう》を信仰《しんこう》することも、自信を持つことも信念も、どれも〝信〟がなければ成り立ちません。

人間に本来備わっている回復力は、身体だけではなく、心（信）と一体になってはじめて発揮《はっき》されると言われます。細菌《さいきん》やウイルスをガードする免疫《めんえき》も、「プラセボ効果」のように信じる力が何らかの作用をしているのかもしれません。

テーマの言葉は、川端《かわばた》康成《やすなり》さんに続いて1994年にノーベル文学賞を受賞した大江《おおえ》健三郎《けんざぶろう》さんの言葉です。1958年に当時最年少の23歳《さい》で芥川《あくたがわ》賞を受賞した彼《かれ》は、次から次へと新しいスタイルの小説を発表して現代日本文学の頂点《ちょうてん》へと登りつめました。きっと自分を信じる力の強い人なのでしょうね。

大江《おおえ》さんには障害《しょうがい》をもった息子さんがいます。〝共同体と個人の関係〟など彼《かれ》の小説の根底にあるテーマは、息子さんとの共生を通して思索《しさく》（考える）されたのだと思われます。さらに核《かく》や国家や国際政治が抱《かか》える問題（病）にも目を向けて、それらを正しい方向に導くためには、一人ひとりが人間の〝回復力〟を信じて行動することが大切だと彼《かれ》は言っています。

※「プラセボ効果」とは、効くと信じて飲めばただの粉でも効果があるというもので、心と身体はつながっていると考える学者もいます。

物理というのは
自然界やモノと対話する言語（言葉）で、
言語は無限にある。
どの言語を使うにしても、
私《わたし》の場合は直感でつくった。

中《なか》村《むら》修《しゅう》二《じ》

1954〜
日本出身でアメリカ国籍《こくせき》の技術者、電子工学者、
2014年ノーベル物理学賞、文化功労者、文化勲章《くんしょう》

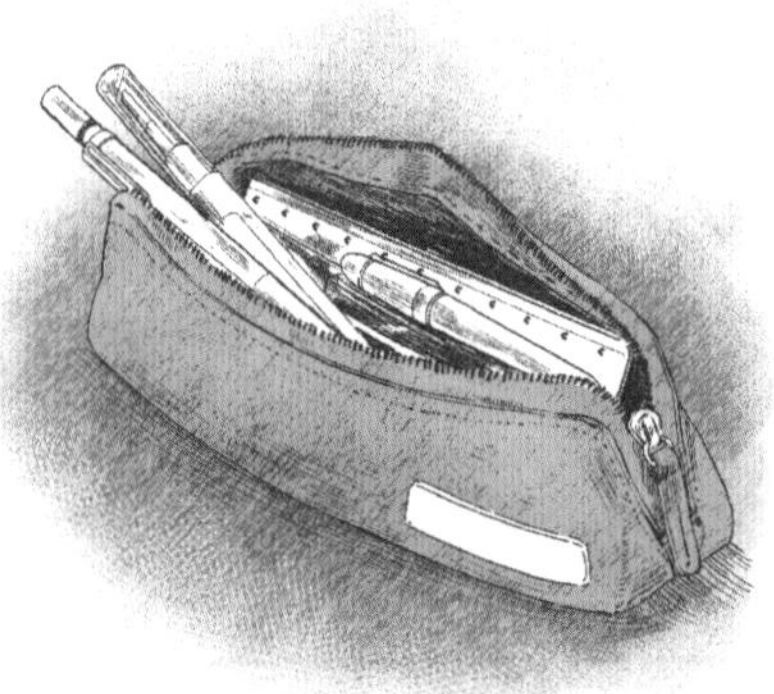

照明器具や信号など、幅広《はばひろ》い分野で使われている青色発光ダイオード（LED）。みなさんも知っていると思いますが、高輝度《こうきど》で省電力、しかも長寿命《じゅみょう》という多くのメリットを備えて、日々の暮《く》らしに欠かせないものとなっています。

白色光源《こうげん》を可能にしたこのLEDの研究・製品化に成功したとして、2014年、中村修二《なかむらしゅうじ》さん、赤崎勇《あかさきいさむ》さん、天野浩《あまのひろし》さんら3人の日本人研究者にノーベル物理学賞が授与《じゅよ》されました。

中村《なかむら》博士は、それ以前から「ノーベル賞にもっとも近い男」と言われていたそうで、1993年に大型カラーディスプレイに欠かせないLEDの実用化を世界ではじめて成功させています。テーマの博士の言葉、ちょっと意味深ですね。

言語（言葉）や直感って何でしょう？　物理学にしても哲学《てつがく》にしても、すべて言葉で考えられ、言葉で表現されます。言葉は一種の記号のようなもので、無数にあってそれぞれに優劣《ゆうれつ》はありません。「頭は使いよう」と同じで言葉も使い方次第なのです。いっぽう〝直感〟は、言葉になる前の〝ひらめき〟。博士は、言葉を使って考えるにしても、モノをつくる時は〝直感〟が大事だと言っています。

人の役に立つことだけ考えてきた。

大《おお》村《むら》智《さとし》

1935〜
化学者（天然物化学）、北里大学特別栄誉《えいよ》教授、
2015年ノーベル生理学・医学賞

「私《わたし》の仕事は微生物《びせいぶつ》の力を借りているだけ。私《わたし》が賞をもらっていいものか」。これは、微生物《びせいぶつ》の研究により感染症《かんせんしょう》などの予防・撲滅《ぼくめつ》に貢献《こうけん》したとして2015年にノーベル生理学・医学賞を受賞した時、大村智《おおむらさとし》さんが語った言葉です。

きっと、〝賞〟は自分ではなく微生物《びせいぶつ》たちがもらうべきだと言いたかったのでしょうね。生物の体内細胞《さいぼう》の約9割《わり》は微生物《びせいぶつ》が占《し》めていて、その活動によって生命は支えられていると言われます。博士は、その微生物《びせいぶつ》の力を借りて、何か人の役に立つことはできないかと考え続けてきました。

子どもの頃《ころ》からお婆《ばあ》さんに「人のためになることをしなさい」と言われ、尊敬《そんけい》する北里柴三郎《きたさとしばさぶろう》博士の「科学者は人のためにやらなければだめだ」という言葉に感銘《かんめい》を受けます。彼《かれ》の研究は感染症《かんせんしょう》の特効薬『イベルメクチン』の開発に結びつき、WHO（世界保健機構）を通じて、のべ10億人以上の感染症《かんせんしょう》に苦しむ人々のもとへ無償提供《むしょうていきょう》され、年間約3億人の人たちが救われているそうです。

〝奇跡《きせき》の薬〟と言われるこのイベルメクチンは、もしかすると新型コロナウイルスにも効果があるかもしれないと見直されています。

偶然《ぐうぜん》を見逃《みのが》さないことも、
科学研究では大切です。

本庶佑《ほんじょたすく》

1942〜
医学者（医化学・分子免疫学《めんえき》）、2000年文化功労者、2013年文化勲章《くんしょう》、2018年ノーベル生理学・医学賞

2018年のノーベル生理学・医学賞は、新しいがん治療薬《ちりょうやく》『オプシーボ』を開発した本庶佑《ほんじょたすく》さんに授与されました。彼《かれ》は免疫《めんえき》の司令塔《しれいとう》であるT細胞《さいぼう》表面に『PD-1』という免疫《めんえき》を抑制《よくせい》するブレーキ役のようなタンパク質分子があることを発見し、『がん免疫療法《めんえきりょうほう》』の発展《はってん》に貢献《こうけん》したとしての受賞でした。

「今までノーベル賞を受賞していなかったのが不思議なくらいだ」と同じノーベル生理学・医学賞を受賞した山中伸弥《やまなかしんや》さんが本庶《ほんじょ》博士のことを語っています。

「偶然《ぐうぜん》を見逃《みのが》さないこと」と博士は言っています。〝偶然《ぐうぜん》〟って何でしょう?

〝偶然《ぐうぜん》の出会い〟という言葉がありますが、その偶然《ぐうぜん》によって人生が大きく変わることがよくあります。偶然《ぐうぜん》が3回続くと、それは〝必然〟になると言われたりもします。ノーベル化学賞を受賞した田中耕一《たなかこういち》博士の新発見は、間違《まちが》って混ぜてしまったサンプルを捨《す》てるのがもったいなくて使った偶然《ぐうぜん》の結果でした。

ユングという有名な心理学者は〝シンクロニシティ(共時性:意味のある偶然《ぐうぜん》)〟という考え方を唱《とな》えています。偶然《ぐうぜん》の出来事も、大切に常に見逃さないようにしていれば思わぬ発見につながる。そう本庶《ほんじょ》博士は言っています。

まず「物理法則ありき」で、
それから
世界がどうなるかを言える。

佐《さ》藤《とう》勝《かつ》彦《ひこ》

1945〜
宇宙《うちゅう》物理学者、東京大学名誉《めいよ》教授、
2002年紫綬褒章《しじゅほうしょう》、2018年瑞宝重光章《ずいほうじゅこうしょう》

自然界には「電磁気《じき》力（電気と磁気《じき》の力）」「強い力（原子核《げんしかく》などの核力《かくりょく》）」「弱い力（素粒子《そりゅうし》を崩壊《ほうかい》させる力）」「重力（万有引力）」の4つの力があります。

このうち「電磁気《じき》力」と「弱い力」を統一した『電弱統一理論《りろん》』はすでに完成し、今、この理論《りろん》に「強い力」を統合した「大統一理論《りろん》」に科学者たちが挑戦《ちょうせん》しています。でも、まだ「重力」が残っていますね。物理理論《りろん》では、宇宙誕生《うちゅうたんじょう》時には一つの物質（素粒子《そりゅうし》）しかなかったとされ、最終的にこれを証明するために、4つの力を一つにまとめた『超《ちょう》大統一理論《りろん》』という大きな課題が残されています。

佐藤勝彦《さとうかつひこ》博士は、この大きな謎《なぞ》に挑《いど》んでいる世界的な宇宙《うちゅう》物理学者で、宇宙《うちゅう》誕生《たんじょう》の謎《なぞ》とされるビッグバン（大爆発《ばくはつ》）を説明するインフレーション（急激《きゅうげき》な膨張《ぼうちょう》）理論《りろん》を最初に提唱《ていしょう》した人です。彼《かれ》は「指数関数的膨張《ぼうちょう》」という表現を使いましたが、少し遅れてアメリカ人物理学者のアラン・グース博士が同じことを「インフレーション」という言葉で発表して、それが一般《いっぱん》用語になってしまいました。

自然界は〝4つの力〟をはじめとした普遍《ふへん》的《てき》な物理法則で成り立っています。これを究明《きゅうめい》することで世界がどうなるかがわかると博士は言っています。

※「普遍《ふへん》的《てき》」は、すべてのものに共通して変わらないもののことです。

利他主義という
理想への転換《てんかん》こそが、
人類のサバイバルの鍵《かぎ》である。

ジャック・アタリ
1943〜
フランスの経済《けいざい》学者、思想家、作家、政治顧問《こもん》

利他主義とは、利己《りこ》主義の反対で自分のことよりも他者のことを優先《ゆうせん》して考えることです。〝ヨーロッパ最高の知性〟とも称《しょう》されるジャック・アタリさんは、初代欧州《おうしゅう》復興開発銀行の総裁《そうさい》を務めた経済《けいざい》学博士で、ミッテラン大統領の時には補佐《ほさ》官として活躍《かつやく》しました。そして思想家であり作家でもある彼《かれ》は、国際社会や人類の未来に向けてさまざまな警鐘《けいしょう》を鳴らしてきました。

すでに2009年に『危機《きき》とサバイバル』という本で未知の感染症《かんせんしょう》によるパンデミック（感染《かんせん》爆発《ばくはつ》）が起こる危険性《きけんせい》を警告《けいこく》しています。パンデミックによって差別や分断が加速し、利己《りこ》主義がまん延《えん》する。それに対抗《たいこう》するために、彼《かれ》は〝利他主義〟という考え方を提唱《ていしょう》しました。

自分を守るよりも先に他者を守る。他者のために生きるというこの利他の精神が、ひいては自分を生かすことにつながると言うのです。「国境を閉《と》ざさず、もっとバランスのとれた〝連帯〟が今こそ必要だ」。そして「歴史を見ると、人類は恐怖《きょうふ》を感じる時にのみ大きく進化する」とも語っています。深い洞察《どうさつ》（考え）から導かれた言葉にはひとすじの希望の灯りが見えるようです。

文明は「文字」とともに発展《はってん》しました。
狩猟採集《しゅりょうさいしゅう》を糧《かて》とする石器時代は、
約1万年前に農耕によって定住化する新石器時代へと
大変革《へんかく》を遂《と》げます。
トルコで発掘《はっくつ》された「ギョベクリ・テペ遺跡《いせき》」は
紀元前1万年〜8千年の間に建造されたものとされ、
古代文明の足跡《そくせき》が記されています。
この新石器時代の後期に人類は文字を発明し、

それが〝文明〟の礎《いしずえ》となります。
紀元前3千年頃《ころ》になるとエジプトの「ピラミッド」や
イギリスの「ストーンヘンジ」、
パキスタンの「モヘンジョダロ」などの古代建造物が。
紀元後は中米メキシコに栄えたアステカや
マヤ文明によって神殿《しんでん》や天文観測所など、
さまざまな建造物が建立されました。
そして人類は今、〝科学文明〟という新世紀にいます。

自然が叫《さけ》ばれる頻度《ひんど》
（くり返される度数）とは裏腹《うらはら》に、
今日ほど自然の認識の
貧困《ひんこん》な時代はない。

今西錦司《いまにしきんじ》

1902〜1992
生態学者、文化人類学者、登山家、
1979年文化勲章《くんしょう》、1992年従三位《じゅうさんみ》・勲一等瑞宝章《くんいっとうずいほうしょう》

日本の霊長類《れいちょうるい》研究の創始者《そうししゃ》である今西錦司《いまにしきんじ》さんは、『進化論《しんかろん》』で有名なチャールズ・ダーウィンの考え方とは違《ちが》う独自の進化論《しんかろん》を唱《とな》えました。ダーウィンの『進化論《しんかろん》』は、固体どうしの競争で適者が生き残るという「自然選択《せんたく》」でしたが、今西《いまにし》博士は「個体」ではなく、それぞれの社会を形成する「種」を基準に選択《せんたく》がなされるという『棲《す》み分け理論《りろん》』を提唱《ていしょう》したのです。

ちょっと難《むずか》しそうですが、博士はカゲロウの研究により、川の流れの早いところとゆるやかな場所では「種」ごとに分かれて棲息《せいそく》していることを発見。『棲《す》み分け理論《りろん》』は、このように「適者」だけが生き残るのではなく、それぞれ棲《す》み分けをおこなって上手《じょうず》に生き延《の》びているという考え方です。

生物が互《たが》いの分をわきまえてそれぞれの境界をつくり、生態環境《かんきょう》の調和とバランスの取れた社会を生み出している? 自然って深いですね。人類も大いに学ぶところがありそうです。博士は、ヒマラヤやキリマンジャロなどに遠征《えんせい》して登山家兼《けん》探検《たんけん》家としても知られています。彼《かれ》の独自の世界観や生命観は、そのような大自然のふところ深くに入って学ぶことで培《つちか》われたのだと思います。

夢をかなえる秘訣《ひけつ》は、
あきらめない心を持つこと。
一度あきらめたら
絶対に後悔《こうかい》する。

ダレノガレ明美《あけみ》
1990〜
モデル、タレント

テレビのバラエティ番組などでも活躍《かつやく》するモデルでタレントのダレノガレ明美《あけみ》さんの正式な名前は「ダイアナ・明美《あけみ》・ダレノガレ」で、頭に〝ダイアナ〟が付くそうです。これは「クルミの林からやってきた月の女神」という意味で、まるで『竹取物語』のかぐや姫《ひめ》のようです。

そんな彼女《かのじょ》は、7歳《さい》の時からモデルを夢見てアイドルグループのオーディションに応募《おうぼ》します。でも結果は書類審査《しんさ》で落選。中学校3年生になって再び挑戦《ちょうせん》しますが、これも書類審査《しんさ》で不合格。しかし、彼女《かのじょ》はあきらめませんでした。

高校を卒業するとアパレル業界で働いたり、歯科助手などをしながら2015年にようやくモデルデビュー。25歳《さい》と少し遅咲《おそざ》きでしたが、これまでの人生経験が活きてきます。高校生時代に打ち込《こ》んだソフトボールで4番バッターを務め、50メートル走で6秒8の記録を持つ彼女《かのじょ》は、高い身体能力と男勝りの根性の持ち主です。学校の勉強は苦手《にがて》だったそうですが、経験から学ぶ「社会学習」こそが本当の勉強。彼女《かのじょ》は少女時代から大人になるまで、いろいろなことを経験してたくさん学び、あきらめない心を強く持ったから夢をかなえられたのです。

もっと強くなりたい。
そして表彰台《ひょうしょうだい》に上がって、
支えてくれた人たちに
「ありがとう」を言いたい。

秦由加子《はたゆかこ》
1981～
パラトライアスリート

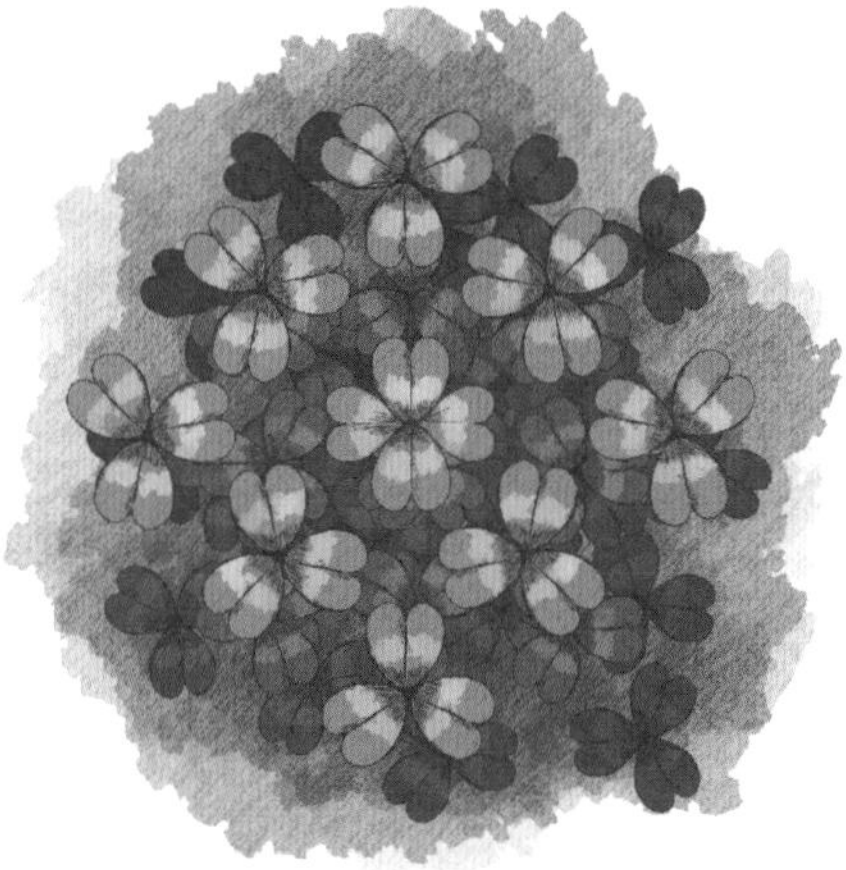

トライアスロンは、スイム（水泳）760メートル、バイク（自転車）20キロメートル、ラン5キロメートルを競う過酷《かこく》な競技で、2016年のリオデジャネイロ・パラリンピックから新たに正式競技として採用《さいよう》されました。

このパラリンピックで日本選手最高の6位入賞を果たした秦由加子《はたゆかこ》さんは、今、日本のエースとして世界の大舞台《ぶたい》で表彰台《ひょうしょうだい》を狙《ねら》える選手と期待されています。

彼女《かのじょ》は3歳《さい》の時から水泳をはじめたそうですが、中学校1年生の秋に骨肉腫《こつにくしゅ》という骨《ほね》の病気で右足を太腿《ふともも》から切断、義足生活を強いられます。以来、人に義足を見られるのが嫌《いや》でずっと隠《かく》し通して来ました。人の視線《しせん》が怖《こわ》く〝コンプレックスの塊《かたまり》〟だったという、そんな秦《はた》さんを変えたのがトライアスロンでした。

はじめは水泳でロンドン・パラリンピックをめざしていましたが、走る喜びを知ってトライアスロンに夢を託《たく》します。この競技にはスイムも含《ふく》まれていてまさに〝願ったり〟です。そんな彼女《かのじょ》にたくさんの人が応援《おうえん》の手を差し伸《の》べるようになりました。もっと強くなって表彰台《ひょうしょうだい》に上がって恩《おん》返しをしたい。その感謝の気持ちが、強い意志と闘志《とうし》のエネルギーを生み出しているのでしょう。

仁《じん》を過ぎれば弱くなる。
義《ぎ》に過ぎれば固くなる。
礼《れい》に過ぎればへつらいとなる。

伊達《だて》政宗《まさむね》

1567〜1636

戦国時代から江戸《えど》時代前期の武将《ぶしょう》、陸奥《むつ》仙台藩《せんだいはん》初代藩主《はんしゅ》

〝独眼竜《どくがんりゅう》〟の異名《いみょう》を持つ陸奥《むつ》仙台藩《せんだいはん》の初代藩主《はんしゅ》・伊達《だて》政宗《まさむね》公は、続けて「智《ち》に過ぎればウソを吐《は》く。信《しん》に過ぎれば損《そん》をする」と言いました。これは〝仁義礼智《じんぎれいち》信《しん》〟といって、儒教《じゅきょう》の祖・孔子《こうし》の教えから来ています。日本では江戸《えど》時代に武道の精神として重要視《じゅうようし》された学問で、今でも中国や韓国では大切にされています。

仁《じん》は優《やさ》しさ、義《ぎ》は義理人情、礼《れい》は礼節、智《ち》は知識、信《しん》は誠実《せいじつ》。どれも大切なものばかりですが、政宗《まさむね》公が言いたいのは、それが過ぎると思わぬ方向に行ってしまうということ。「知に働けば角が立つ、義理に棹《さお》させば流される」と、文豪《ぶんごう》・夏目漱石《なつめそうせき》も『草枕《くさまくら》』という小説で似たようなことをうたっています。

わずか24歳《さい》で奥州《おうしゅう》（東北地方）の覇者《はしゃ》となり、豊臣秀吉《とよとみひでよし》や徳川家康《とくがわいえやす》から恐《おそ》れられた無類の名将《めいしょう》は、ファッションセンスも洗練《せんれん》されていたようで、その振《ふ》る舞《ま》いや衣装《いしょう》を見た人々が粋《いき》な人を〝伊達者《だてもの》〟や伊達男《だておとこ》〟などと呼《よ》ぶようになりました。

また、彼《かれ》は、支倉常長《はせくらつねなが》らをスペインやイタリアに派遣《はけん》して海外の文化を学び、通商貿易を促進《そくしん》した先進的な考えの持ち主でもありました。そんな政宗《まさむね》公を、徳《とく》川《がわ》三代将軍《しょうぐん》の家光《いえみつ》は〝伊達《だて》の親父殿《おやじどの》〟と呼《よ》んでとても慕《した》っていたそうです。

沈黙《ちんもく》は時として
最高の答になる、ということを
忘《わす》れないように。

ダライ・ラマ14世
1935〜
チベット僧侶《そうりょ》、政治家、
1989年ノーベル平和賞

おしゃべりな人ってちょっと軽い感じがしますが、黙《だま》っている人は存在感《そんざいかん》があってカッコ良かったりします。『黙《もく》して語らず』とか『沈黙《ちんもく》は金《きん》なり』などと、〝沈黙《ちんもく》〟にまつわる言葉がいっぱいあります。

チベット仏教の最高指導者で、１９８９年にノーベル平和賞を受賞したダライ・ラマ14世は、「沈黙《ちんもく》は時として最高の答になる」と言いました。彼《かれ》は、仏陀《ぶつだ》の教えを世界に広めようとたくさんの本を執筆《しっぴつ》したり、各国の指導者と対談したりして積極的に行動しています。いつ沈黙《ちんもく》するのでしょうね？

仏陀《ぶつだ》の教えは、言葉や文字を超えた深遠なものであると言われます。仏教の禅《ぜん》宗《しゅう》には『不立文字』といって、文字や言葉ではなく体験で教え伝える独特な教義があって、ひたすら座禅《ざぜん》（黙想《もくそう》）に打ち込《こ》むことを勧《すす》めます。言葉になる前のひらめきのような〝直観〟でしか世界の真実を知ることは出来ないと言うのです。

彼《かれ》が沈黙《ちんもく》している時は、きっと〝最高の答〟のある場所に行って、そこから世界を見下ろしながら、迷い悩《なや》んでいる世界中の人々にやすらぎを与《あた》える最高の言葉を探《さが》しているのだと思います。

※「直感」は感じることですが、「直観」は自分の心の深いところから立ち上がってくるものだと言われます。

人は目に見えないものに
心の支えを見つけた時、
たった一人でも
立っていられるようになる。

河瀬《かわせ》直美《なおみ》

1969〜
映画《えいが》監督《かんとく》、1997年カンヌ国際映画《えいが》祭カメラ・ドール（新人監督《かんとく》賞）、
2007年カンヌ国際映画《えいが》祭グランプリ

「強く一人で立っていられる自分になれた時に、他人にも優《やさ》しさと豊かさを与《あた》える自分になる」とテーマの言葉は続きます。河瀬直美《かわせなおみ》さんは、心の支えとなる〝映画《えいが》〟を見つけ、さまざまな作品を通して優《やさ》しさと豊かさを届《とど》けてきました。

１９９７年に、世界三大映画祭《えいがさい》の一つである『カンヌ国際映画祭《えいがさい》』のカメラ・ドール（新人監督賞《かんとくしょう》）を、27歳《さい》という史上最年少で受賞した時には、「私《わたし》が地球に生まれて来た意味があったとすれば、それは映画《えいが》と出会えたことです」とスピーチしました。つくる映画《えいが》にも、語る言葉にも、人を感動させる〝作家〟のような感性と創造性が感じられます。

10年後に同映画祭《えいがさい》で『グランプリ』を受賞した彼女《かのじょ》は、２０２０年東京オリンピック公式映画監督《えいがかんとく》になります。河瀬監督《かわせかんとく》はストーリーのある世界中の心を動かす作品をつくりたいと思っていたそうですが、思いは1年延期《えんき》となりました。でも、人生は苦難《くなん》の連続。決してあきらめない強い気持ちが彼女《かのじょ》の原動力です。この時期をじっと耐《た》え、その体験を活かした、よりドラマチックなオリンピック映画《えいが》のストーリーを、彼女《かのじょ》は今、じっくり考えているのかもしれません。

人は辞書《じしょ》という舟《ふね》に乗り、
暗い海面に浮《う》かび上がる
小さな光を集める。

三《み》浦《うら》しをん

1976〜
小説家、随筆《ずいひつ》家、
2006年直木賞、2012年本屋大賞

みなさんは辞書《じしょ》を引くことがありますか？ 今は電子辞書《じしょ》やスマホで簡単《かんたん》に検《けん》索《さく》したり、タブレットで本を読むことが出来ますが、手間ひまをかけて調べたり読んだりするほうが脳《のう》を活性化して記憶《きおく》に残りやすいと言われます。

哲学者《てつがくしゃ》の池田晶子《いけだあきこ》さんは、２００７年に亡《な》くなるまで１００円のボールペンを使って原稿《げんこう》用紙に手書きしていました。いつも頭の中は考えることでいっぱいで、とくに散歩やジョギング中にいいアイデアが浮《う》かんだそうです。〝ペンを走らせる〟と言いますが、これは手指といっしょに脳《のう》（言葉）が走ることで、ウォーキングやジョギングでも筋肉《きんにく》活動により脳《のう》も活性化して走り出すのです。

直木賞作家の三浦《みうら》しをんさんは、まだ字が読めなかった子どもの頃《ころ》に、家にあった『広辞苑《こうじえん》』という辞書《じしょ》をめくるのが好きだったそうです。紙の触感《しょっかん》が心地良くて、今も大型から小型まで何種類もの辞書《じしょ》を使って調べ物をしています。２０１１年に発表した小説『舟《ふね》を編む』は、そんな辞書《じしょ》を「言葉の海を渡《わた》る舟《ふね》」に、編集する人たちを「舟《ふね》を編む人」として展開《てんかい》する物語です。辞書《じしょ》を引くのは手間がかかるけど、編まれた文字をたどって光を集める大切な行為《こうい》なのかもしれません。

世界に、
不要のものなし。

南《みな》方《かた》熊《くま》楠《ぐす》
1867〜1941
博物学者、生物学者、民俗《みんぞく》学者

明治から昭和にかけて、ひたすら生物や生命の研究に没頭《ぼっとう》した南方熊楠《みなかたくまぐす》という学者がいました。英語、イタリア語、ドイツ語、ラテン語、スペイン語など18の言語を理解し、漢文も読解出来たと言われる稀有《けう》（まれ）な天才でした。イギリスへ留学した時は、英国人学者を相手に論争《ろんそう》しては、科学雑誌《ざっし》『ネイチャー』に英文で何本もの論文《ろんぶん》を発表、〝歩く百科事典〟と呼《よ》ばれたそうです。民俗《みんぞく》学者の柳田國男《やなぎだくにお》は、「日本人の可能性の極限だ」と彼《かれ》のことを絶賛《ぜっさん》しています。こんなすごい人が日本にいたんですね。みなさんは『粘菌《ねんきん》』って知っていますか？　環境《かんきょう》や状況《じょうきょう》に応じて「植物」になったり「動物」になったりする不思議な生物で、彼《かれ》はこの『粘菌《ねんきん》』にとても興味を抱《いだ》いて研究をはじめ、小さな生命から次第に大きな生態系《せいたいけい》、さらに興味は世界や宇宙《うちゅう》の不思議へと発展《はってん》していきます。

一つひとつの生命がそれぞれつながり、影響《えいきょう》し合いながら生態系《せいたいけい》はつくられています。すべてが役割《やくわり》を持って生きて、不要なものはないと彼《かれ》は言っています。稀有《けう》な天才は人には容易に理解されず〝変人〟扱《あつか》いされることもありましたが、生物学者だった昭和天皇は良き理解者で、彼《かれ》を想って詠《よ》んだ歌もあるそうです。

人類は、まだ、
天才「南方熊楠《みなかたくまぐす》」の思想に
たどり着けない。

中沢《なかざわ》新一《しんいち》

1950〜
宗教史学者《しゅうきょうしがくしゃ》、人類学者、多摩《たま》美術大学美術学部芸術学科客員教授

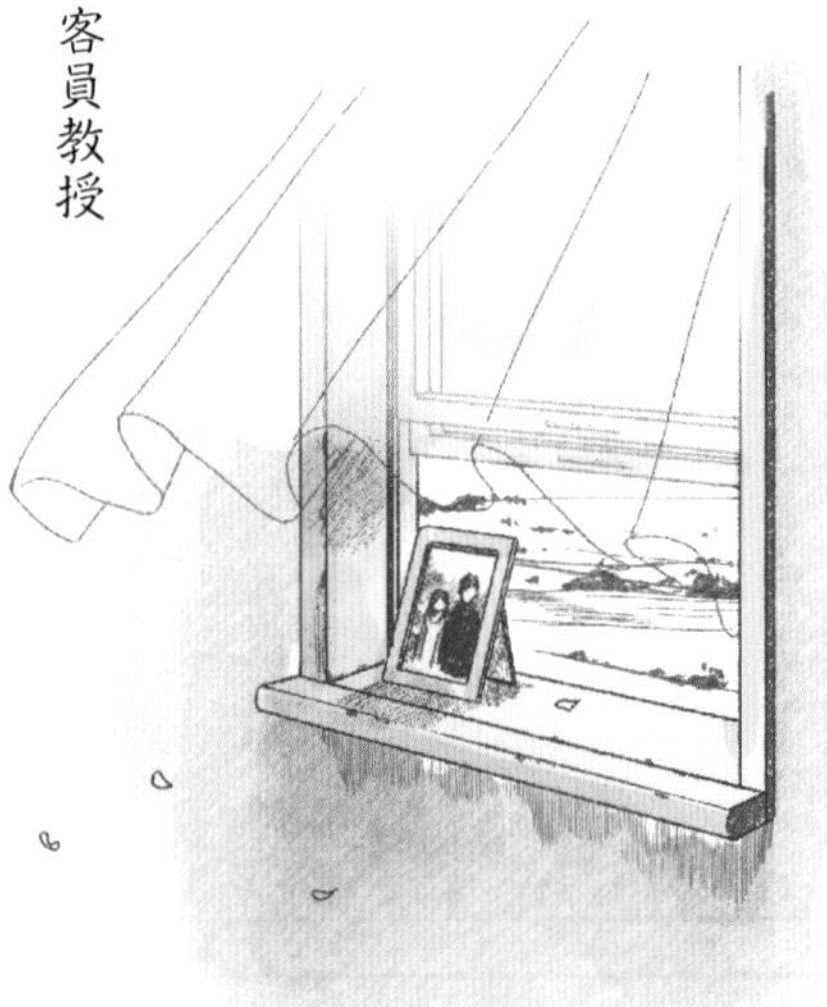

ジャンルを超《こ》えた多彩《たさい》な顔を持つ宗教史《しゅうきょうし》学者の中沢《なかざわ》新一《しんいち》さんは、南方《みなかた》熊楠《くまぐす》から大きな影響《えいきょう》を受けた学者の一人です。

彼《かれ》はもともと理系《りけい》の人で、科学者のように物事を論理的《ろんりてき》に考えますが、最先端《せんたん》のものも含《ふく》めて今の科学には何かが足りないと思っていたそうです。

足りないものは何だろう？　と、彼《かれ》は宗教《しゅうきょう》だけでなく、哲学《てつがく》や科学などさまざまなジャンルにわたって徹底《てってい》探求《たんきゅう》します。仏教の真髄《しんずい》（真理）を知りたいと思えば、チベット仏教の僧侶《そうりょ》を訪《たず》ねて厳《きび》しい修行をしたりする人です。そんな彼《かれ》の前に、〝歩く百科事典〟と呼《よ》ばれた知の巨人《きょじん》・南方《みなかた》熊楠《くまぐす》が姿《すがた》をあらわします。

そして、ずっと以前に、自分の求めているモノを見出した人がいたことを知ります。南方《みなかた》熊楠《くまぐす》には、密教《みっきょう》（仏教）の『曼荼羅《まんだら》（宇宙《うちゅう》観）』思想をヒントにつくった独自の『南方《みなかた》マンダラ』という世界像があって、それは生命や宇宙《うちゅう》の謎《なぞ》を彼《かれ》なりの考えで説明したものでした。中沢《なかざわ》さんは、専門《せんもん》の宗教《しゅうきょう》（とくに仏教）や、西洋哲学《てつがく》、東洋哲学《てつがく》、さらに最新の量子力学など、持てる知識を総動員して、今、〝知の巨人《きょじん》〟が築いた深遠な思想にたどり着こうと日々奮闘《ふんとう》しています。

外国語は数か月で
読めるようになるが、
アラビア語だけは
そうはいかなかった。

井《い》筒《づつ》俊《とし》彦《ひこ》

1914〜1993
言語学者、イスラム学者、東洋思想研究者、
慶應《けいおう》義塾《ぎじゅく》大学名誉《めいよ》教授

〝20世紀の東洋を代表する大哲学者《てつがくしゃ》〟と称《しょう》される言語学者の井筒俊彦《いづつとしひこ》さんは、語学の天才で、30以上もの世界の言語を理解したと言われます。

彼《かれ》は、古代ギリシャの思想から東洋の思想、中国の思想まで幅広《はばひろ》い研究をしてたくさんの本を書きました。中でも1958年にアラビア語から日本語に翻訳《ほんやく》されたイスラム教の聖典《せいてん》『コーラン』は、秀逸《しゅういつ》な訳《やく》として高く評価されています。

語学の天才が、唯一《ゆいいつ》アラビア語だけは簡単《かんたん》には読めなかったと言ってますが、でも彼《かれ》はアラビア語を習得すると、1か月で114章もある『コーラン』を読破したそうです。その背景《はいけい》にはこんなエピソードがあります。

彼《かれ》がアラビア語の教えを受けようとイスラム学者を訪《たず》ねると、そこには本も何もなかったそうです。「どうするんだろう？」と思って聞いてみたら、「すべて頭の中に入っている」との返事。これには大哲学者《てつがくしゃ》もびっくりです。その学者は千ページもある難しいアラビアの文法書を全部記憶《きおく》して、さらに注釈書《ちゅうしゃく》も記憶《きおく》していたそうです。上には上がいたんですね。これに刺激《しげき》を受けて少し抵抗《ていこう》のあったアラビア語を頑張《がんば》って習得したから〝名訳《めいやく》〟が生まれたのかもしれません。

人類は、いつも
過渡期《かとき》（発展途中《はってんとちゅう》）にある。

小松左京《こまつさきょう》

1931～2011

小説家、1970年日本万国博覧《はくらん》会サブ・プロデューサー、
1990年国際花と緑の博覧《はくらん》会総合プロデューサー

小松左京《こまつさきょう》さんはスケールの大きいＳＦ作家でした。代表作の『日本沈没《ちんぼつ》』や『復活の日』は映画《えいが》にもなって大きな反響《はんきょう》を呼《よ》び、再放映《ほうえい》されることもしばしばです。

未来を描《えが》く作家は好奇心《こうきしん》も旺盛《おうせい》で、彼《かれ》はたんなるＳＦ小説家にとどまらず、いろいろな分野の学者や経済《けいざい》人たちを相手に文明論《ぶんめいろん》や日本論《にほんろん》を展開《てんかい》。１９７０年に開催《かいさい》された『大阪万博《ばんぱく》』では、40歳《さい》弱にして主要スタッフに名を連ねました。

科学や医学の豊富な知識を活かして１９６４年に書かれたＳＦ小説『復活の日』は、生物兵器としてつくられた強毒性ウイルスが人類を滅亡《めつぼう》の淵《ふち》へと追いやるスリリングなストーリーで、新型コロナウイルスと重ね合わせるように２０２０年に再び〝復活〟して話題となりました。

彼《かれ》は、生物学的な眼で人類を一つの〝種〟として見ており、脳《のう》は大きくなったけど、その分、戦争ばかりして〝種〟として劣《おと》るのではないかと語っています。どこか卑《いや》しく凶悪《きょうあく》で本質的に完全になりきれないと言うのです。でも、人は、より良い人間になることをめざし、未来に希望を託《たく》します。その意味で、まだまだ人類は成長の途中《とちゅう》段階《だんかい》（過渡期《かとき》）にあるのかもしれません。

十分に発達した科学技術は、
魔法《まほう》と見分けがつかない。

アーサー・C・クラーク

1917~2008
イギリスのSF小説家、1989年CBE(大英《だいえい》帝国《ていこく》勲章《くんしょう》)、
2000年ナイト称号《しょうごう》

　イギリスを代表する世界的なSF作家に、アーサー・C・クラークという人がいます。みなさんは『2001年宇宙《うちゅう》の旅』という映画《えいが》を見たことがありますか？　生命や人類の進化を宇宙的《うちゅうてき》スケールで描《えが》いた彼《かれ》の小説を映像化《えいぞうか》したもので、映画史《えいがし》に残る不朽《ふきゅう》の名作と言われています。

　監督《かんとく》は、芸術的で革新的《かくしんてき》な映画《えいが》づくりをする巨匠《きょしょう》・スタンリー・キューブリック。二人の巨匠《きょしょう》がタッグを組んで名作は生み出されました。月と地球を周回する宇宙《うちゅう》船や月面を飛ぶ送迎《そうげい》バス、AIを思わせるコンピュータ『ハル』が登場し、さらに不思議な物体『モノリス』や木星へ向かう宇宙《うちゅう》船を巻《ま》き込《こ》むワームホールのような時空があらわれます。そして息も尽《つ》かせぬ展開《てんかい》の後に静寂《せいじゃく》が訪《おとず》れ、不可解なシーンで幕《まく》は閉《と》じられます。原作とは違《ちが》った展開《てんかい》ですが、映画《えいが》は〝？〟で終わらせたかったというのがキューブリック監督《かんとく》の狙《ねら》いだったそうです。

　クラークさんの小説には『宇宙《うちゅう》エレベーター』が登場するものもありますが、彼《かれ》の描いた魔法《まほう》のような科学技術に人類はまだ到達《とうたつ》していません。でも、彼《かれ》の小説で、私《わたし》たちは未来の、魔法《まほう》のような物語体験をすることが出来るのです。

本をたくさん読んで
自分の文学観を確立すること。
それが支えとなる。

鴻巣友希子《こうのすゆきこ》
1963年〜
翻訳家《ほんやくか》、文芸評論家《ひょうろんか》、エッセイスト

２０１４年にテレビ放映《ほうえい》された『花子とアン』は、モンゴメリの小説『赤毛のアン』を日本語に翻訳《ほんやく》した村岡《むらおか》花子《はなこ》さんの生涯《しょうがい》を描《えが》いたものでした。

外国の優《すぐ》れた小説を翻訳《ほんやく》するには、内容だけでなく高い文章力も要求されます。言語の文法はそれぞれの国によって異《こと》なり、直訳《ちょくやく》しただけだとぎこちなくて読みづらいものになりますが、原作のクオリティや格調を損《そこ》なわずに、読みやすい日本語にするのが翻訳《ほんやく》者の腕《うで》の見せどころ。外国映画《えいが》の字幕《じまく》翻訳《ほんやく》者として有名な戸田奈津子《とだなつこ》さんは、映像《えいぞう》を追う視覚《しかく》の邪魔《じゃま》にならないよう、極力文字数の少ないシンプルで判読しやすい日本語字幕《じまく》を心《こころ》がけているそうです。

翻訳《ほんやく》家として活躍《かつやく》する鴻巣《こうのす》友希子《ゆきこ》さんは、マーガレット・ミッチェルの長編小説『風と共に去りぬ・全５巻《かん》』やエミリー・ブロンテの『嵐《あらし》が丘《おか》』などの古典文学からノーベル賞作家の書いた現代文学まで幅広《はばひろ》いジャンルの翻訳《ほんやく》を手がけ、その作品は『鴻巣《こうのす》訳《やく》』と言われて高い評価を得ています。

テーマの言葉は、努力と情熱と豊富な読書量で翻訳《ほんやく》の世界に新しい道を切り開いた彼女《かのじょ》が、翻訳《ほんやく》家をめざすお弟子さんに向けたアドバイスの言葉です。

よく反省すること。
よく感謝をすること。
思いやりをもつこと。

塩《しお》沼《ぬま》亮《りょう》潤《じゅん》

1968〜
僧侶《そうりょ》、大峰《おおみね》千日《せんにち》回峰《かいほう》行者《ぎょうしゃ》（大行《だいぎょう》満大《まんだい》阿《あ》闍梨《じゃり》）、
福聚山《ふくじゅざん》慈眼寺《じげんじ》住職《じゅうしょく》

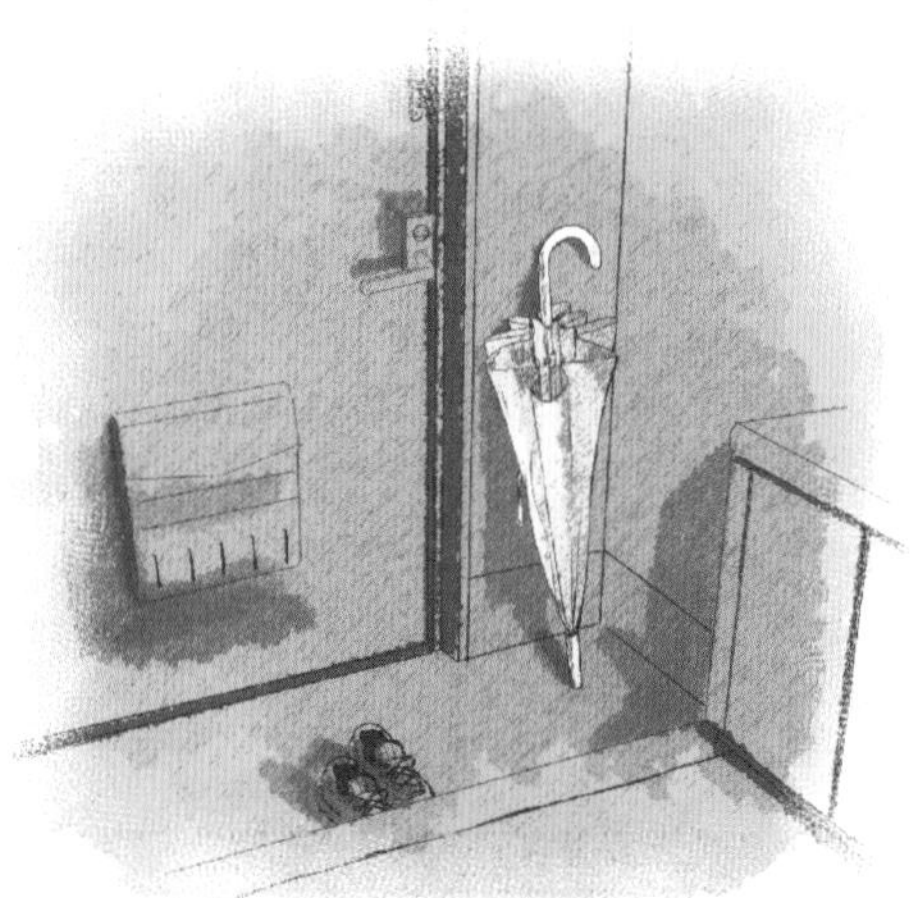

都心を走る山手線の長さはどれくらいか知っていますか？一周約４０·５キロメートル、時速４キロメートルで歩くと平地なのでおよそ10時間かかります。塩沼亮潤《しおぬまりょうじゅん》さんは、奈良県・大峯山《おおみねさん》（標高１７１９メートル）にあるお堂から、高低差１３００メートル以上の山道46キロメートルを、一日16時間かけて千日間休まずに歩き続けました。山手線どころじゃないですね。これは真言密教《みっきょう》（仏教）の『千日回峰行《せんにちかいほうぎょう》』という行《ぎょう》で、ギリギリの食事と水だけで、雨の日も風の日も休まずに歩き続けます。ツメはボロボロ、身体はガタガタになりますが、いったん決意して臨《のぞ》んだら後には引けない命がけの修行《しゅぎょう》です。これを達成すると、つぎは食も水も断ち、寝《ね》ることも横になることも出来ない『四無行《しむぎょう》』という行《ぎょう》を９日間続け、完成すると『大阿闍梨《だいあじゃり》（指導者）』と呼《よ》ばれるようになります。

１３００年間で達成した人はたった２人と言われる荒行《あらぎょう》ですが、彼《かれ》はどうして挑戦《ちょうせん》する気になったのでしょう？「いちばん厳《きび》しい修行《しゅぎょう》をしてみたかった。そして達成した後の自分がどうなるのか知りたかった。」大阿闍梨《だいあじゃり》はそう言いました。荒行《あらぎょう》からわかったこと、それが彼《かれ》の言葉の中にありそうです。

※千日回峰行《せんにちかいほうぎょう》は「比叡山《ひえいざん》」と「大峯山《おおみねさん》」の二つがあり、「大峯山《おおみねさん》」の方は、毎年５月３日から９月３日までの４か月間を行《ぎょう》の期間として９年間の歳月《さいげつ》を要します。

もし、自分や自分の子どもが
難民《なんみん》だったらと、
一度自分に置き換《か》えて
考えてみて欲《ほ》しいと思います。

サヘル・ローズ
1985～
女優《じょゆう》、タレント、モデル

サヘル・ローズとは〝砂漠《さばく》のバラ〟という意味。広大で不毛な砂漠《さばく》であるサヘル地帯に一輪のバラを咲《さ》かせたい。そこからたくさんのバラの花園が拡《ひろ》がるようにとの想いが込《こ》められています。女優《じょゆう》やモデルとして活躍《かつやく》しているサヘル・ローズさんは、砂漠《さばく》のあるイランで生まれましたが、隣国《りんごく》イラクとの戦争で両親や兄弟たちを亡《な》くし、ただ一人生き残って孤児院《こじいん》で育てられました。

今のお母さんは、サヘルさんを一目見るなり「この子の母になる」と決意し、戦争のない平和な日本で暮《く》らしたいと来日しました。でも、小学生の頃《ころ》からひどいいじめにあって何度も泣いたそうですが、決して彼女《かのじょ》はお母さんの前では涙《なみだ》を見せませんでした。自分のために人生のすべてを犠牲《ぎせい》にしたお母さんには、いつも笑顔を見せるようにしていたのです。

彼女《かのじょ》は、今、自分を育ててくれたお母さんや日本の人たちに恩《おん》返しをしようと、日本の養護施設《ようごしせつ》を支援《しえん》する活動をおこなっています。テーマの言葉は、あるインタビューで難民《なんみん》問題など世界の状況《じょうきょう》をどう思うかと聞かれて、彼女《かのじょ》が答えた時のものです。砂漠《さばく》だけでなく、世界中にバラ園が拡《ひろ》がるといいですね。

いちばん大事なことは、
苦しんでいる人間を守ること。
それは本能的な常識です。

緒方貞子《おがたさだこ》

1927〜2019
国際政治学者、2001年文化功労者、レジオンドヌール勲章《くんしょう》、
2005年世界市民賞、2012年地球市民賞

国連難民《なんみん》高等弁務官《べんむかん》（UNHCR）や国際協力機構（JICA）理事長として活躍《かつやく》した緒方貞子《おがたさだこ》さんは、2020年3月8日の国際女性デーを記念したアメリカ・タイム誌《し》の「100年分の『今年の女性』」という企画《きかく》で、〝1995年の女性〟に選ばれました。

世界の指導者たちからは、手強い交渉《こうしょう》相手として〝小さな巨人《きょじん》〟と呼《よ》ばれ、アフガニスタンやバルカン半島、ルワンダなどの紛争《ふんそう》地では、もっとも立場の弱い人たちを守るために指揮《しき》を執《と》って〝難民《なんみん》の偉大《いだい》な保護者〟と言われました。

また、平等や正義を守るために世界を駆《か》け巡《めぐ》る彼女《かのじょ》を〝地球規模《きぼ》で人間の安全保障《ほしょう》を促進《そくしん》しようとした先駆者《せんくしゃ》〟、〝気高さと優《やさ》しさを併《あわ》せ持った信念の人〟と呼《よ》んで、世界中の人々が慕《した》い、称賛《しょうさん》しました。でも、緒方《おがた》さんがもっとも心を寄せて守ろうとした〝苦しんでいる人間〟の数は増えるいっぽうです。

人間を助けること。それを彼女《かのじょ》は「本能的な常識」だと言いました。キリスト教では〝慈愛《じあい》〟、仏教では〝慈悲《じひ》〟と言いますが、〝命を慈《いつく》しむ心〟、その本能的な常識を、今の世界は〝非常識〟に変えつつあると心配していたのです。

おわりに

「読書」をすると、思いもかけない効果が生まれると最新の脳《のう》科学でわかってきました。本を読んでいる時には、リラックス効果によってストレスが解消されるということが科学的に認められ、『ビブリオセラピー（読書療法《りょうほう》）』として実用化されています。

また、文字情報は脳《のう》を活性化させて想像力や創造力《そうぞうりょく》を養ってくれます。ことに〝音読〟は、2～3割《わり》も学習効果を向上させるという医学的なデータもあるそうです。

『思考の整理学』を書いた言語学者で評論《ひょうろん》家の外山滋比古《とやましげひこ》さんは、「気が向いたら何でもいいから手当たり次第に本を読んでみる。苦手《にがて》なジャンルでもとにかくさまざまな本を読むこと」と乱読《らんどく》を勧《すす》めています。

最初は抵抗《ていこう》があっても、この〝抵抗《ていこう》〟が大事で、筋《きん》トレのように負荷《ふか》（抵抗《ていこう》、プレッシャー）をかけることによって脳《のう》細胞の活動は飛躍的に高まると言われます。とくにジャンルを超《こ》えた乱読《らんどく》は、脳《のう》の〝思考〟に関連したさまざまな部位を刺激《しげき》します。

読書は、著者《ちょしゃ》との一対一の対話です。本と対話することで共感したり、時には拒絶《きょぜつ》したりと、いろいろな情動的反応が起こります。そして、インプットされた知識は考えることでアウトプットされ、知識が〝智慧《ちえ》〟となります。智慧《ちえ》は直感力と深く結びついています。やがて読書が習慣化されて、アンケートなどの趣味《しゅみ》の欄《らん》に〝読書〟と書くようになればしめたものです。いい習慣を身につけると人格や運命までもいい方向に変えられると、心理学者のウィリアム・ジェイムズは言っています。

コロナ禍《か》もあってＡＩ化が急速な勢いで進み、人間はすることがなくなりそうです。ＡＩは左脳《のう》型の論理的《ろんりてき》な垂直《すいちょく》思考ですが、直感は自在な発想をする右脳《のう》型の水平思考。科学の大発見は、その多くが水平思考から生まれたと言われます。このような時代こそ、ＡＩには出来ない直感的な思考力を身につけた自立した人間が求められています。

2020年　佐久間博

本書は、各界著名人《ちょめいじん》の『名言』を私《わたし》なりに解釈《かいしゃく》したものです。彼《かれ》らの〝言霊《ことだま》〟を私《わたし》なりに受け止めたつもりですが、語った人の本意にそぐわない内容もあるかもしれません。解釈《かいしゃく》の拙《つたな》さや文の未熟《みじゅく》さをご容赦《ようしゃ》いただければ幸いです。

参考資料：アエラ、月刊文芸春秋、朝日新聞、毎日新聞、報知新聞、日本経済新聞、本誌掲載書籍ほか

文●**佐久間博**（さくま ひろし）

1949年、宮城県仙台市生まれ。20代より40年間広告コピーライターの仕事に従事。旅を最良の友として仕事のかたわら世界各地を巡り歩き、訪れた国は50か国を超える。著書にアフリカでの体験を綴った「パラダイス・マリ」、汐文社刊「きみを変える50の名言（全3巻）／第1期」、「空飛ぶ微生物ハンター」、「いつ？どこで？ビジュアル版巨大地震のしくみ（全3巻）」がある。現在、広告業界を退いて旅に関するエッセイや小説などを執筆中。

絵●**ふすい**

イラストレーター、装画家。『青くて痛くて脆い』(KADOKAWA) や『青いスタートライン』(ポプラ社)、『僕の永遠を全部あげる』（一迅社）『海とジイ』（小学館）等、数多くの書籍装画や挿絵を手掛ける。みずみずしく細部まで描き込まれた背景、光や透明感、空気感等、独特なタッチを特徴としている。

［オフィシャルHP］https://fusuigraphics.tumblr.com

きみを変える50の名言　2期

藤井聡太、黒柳徹子ほか

発　行	2020年10月	初版第1刷発行
	2023年　7月	初版第3刷発行
文	佐久間博	
発行者	三谷 光	
発行所	株式会社 汐文社	
	東京都千代田区富士見1-6-1　〒102-0071	
	TEL：03-6862-5200　FAX：03-6862-5202	
	URL：http://www.choubunsha.com	
企画・制作	株式会社 山河（生原克美）	
印　刷	新星社西川印刷株式会社	
製　本	東京美術紙工協業組合	

ISBN978-4-8113-2764-8　　NDC917